Hans-Joachim Uhle
Ein Geschenk des Himmels

Hans-Joachim Uhle

Ein Geschenk des Himmels

Trostgeschichten vom Sterben
für Kinder und Erwachsene

Salzer Verlag GmbH Bietigheim

Umschlaggestaltung: Bruno Haag, Stuttgart
Umschlagfoto von Sulamith Wülfing, mit freundlicher
Genehmigung des Aquamarin-Verlages, Grafing
Druck: Chr. Scheufele, Stuttgart
ISBN 3-89808-010-2

Vorwort

Am Vorabend einer lebensgefährlichen Operation habe ich die Geschichte von Pascal geschrieben. Mit ihr wollte ich in diesen bedrängenden Stunden mir neu vor Augen halten, was mich einst über den frühen Tod unserer Tochter getröstet hat.

Aber ich dachte auch an Sebastian, meinen Enkel, dem ich vielleicht nie etwas würde erzählen können. Ich wollte ihm wenigstens *eine* Geschichte hinterlassen. Und die sollte ihm sagen: Wenn ich, der Großvater, tot bin, ist noch längst nicht alles aus mit mir. Und wenn er, der Enkel oder jemand, den er lieb hat, eines Tages mit dem Sterben dran ist, dann wird er etwas Ernstes, aber auch Großes und Wunderbares erleben.

Was diese Geschichte erzählt, habe ich mir nicht einfach nur so ausgedacht. Das Entscheidende stammt aus der Bibel (vgl. z. B. Offenbarung Kap. 4 u. 5, Judas-Brief Vers 24).

Ich bin nach der Operation am Leben geblieben und habe meine Geschichte anderen – Kindern und Erwachsenen – zu lesen gegeben. Sie hat allen so viel Freude und Mut gemacht, dass ich weitere geschrieben habe.

In der Bibel steht freilich weit mehr über Sterben und Tod, als die Geschichte von Pascal erzählt. Mancher Leser wird noch eine Menge Fragen dazu haben. Vielleicht kann er mit jemandem, Pfarrer/in zum Beispiel, darüber reden. Er kann aber auch einen Brief an mich schreiben. Wir haben nicht auf alle Fragen eine Antwort, aber doch auf manche.

Hans-Joachim Uhle
Ober-Schönmattenwag
Raubacherweg 28
69483 Wald-Michelbach

Pascal

Pascal kommt aus dem Kindergarten – vor der Haustür ein weißes Auto mit einem roten Strich. Viele Kinder stehen dabei und ein paar Erwachsene. Pascal kennt solche Autos. Sie rasen manchmal durch die Straßen, haben ein blaues Licht auf dem Dach und eine Hupe, die schreit immer wieder »Blüliip, Blüliip!« Pascal hat viele Spielzeugautos. Eins ist so ein Krankenwagen.

Jetzt ruft einer: »Bitte Platz machen!«

Zwei Männer kommen mit einer Trage. So was hat Pascal schon einmal gesehen, und Vater hatte es ihm erklärt: Sie bringen einen Kranken ins Krankenhaus. Dort wollen sie ihn gesund machen. Pascal drängt sich nach vorne. Da sieht er Mutter aus der Tür kommen. Sie weint. Und nun bekommt er einen großen Schrecken: Auf der Trage liegt Tanja, seine Schwester. Sie ist zugedeckt. Man sieht nur das Gesicht. Die Augen sind geschlossen. Die Nase und die Backen ganz weiß!

Mutter sieht Pascal, zieht ihn an sich, nimmt sein Gesicht in ihre Hände und gibt ihm einen Kuss – ihre Lippen sind heiß.

»Pascal, Tanja ist sehr krank. Sie muss ins Krankenhaus. Ich fahre mit. Tante Haußmann bleibt bei dir.«

Sie haben Tanja schon in das Krankenauto geschoben. Mutter steigt ein. Sie rasen los. Die blaue Lampe dreht sich, und die Hupe schreit.
»Komm«, sagt Tante Haußmann, »du musst jetzt was essen.«
Nach dem Essen geht Pascal runter auf den Spielplatz. Er erzählt allen Kindern: »Tanja ist im Krankenhaus!« Aber die wissen das schon.
Sie spielen Krankenwagen und Doktor, den ganzen Nachmittag. Als die Laternen angehen, ruft Tante Haußmann. Pascal bekommt eine große Stulle mit Teewurst, die isst er so gerne, und einen Becher Milch.
Plötzlich klingelt das Telefon. Es ist Mutter. Sie spricht lange mit Tante Haußmann. Es geht Tanja nicht gut, sagt sie. Vater ist auch im Krankenhaus, sie bleiben in der Nacht dort.
Tante Haußmann will ihn ins Bett bringen, aber Pascal kann sich selber ausziehen. Als er unter der Decke liegt, sagt sie: »Jetzt müssen wir für Tanja beten.«
Pascal sagt: »Das mach ich alleine!« Er betet abends im Bett immer – mit Mutter – aber Tante Haußmann ist nicht Mutter.
Er betet: »Lieber Gott, mach, dass Tanja schnell wieder gesund wird! Sie darf auch mit meinen Autos spielen. Mit allen!«
Als es Morgen ist, kommt keiner zu Pascal. Er steht auf und geht in die Küche. Vater und Mutter sitzen am Küchentisch und weinen. Da wird Pascal furchtbar traurig. Er legt seinen Kopf in Mutters Schoß und weint auch. Mutter streichelt ihn. Sie weinen lange.

Dann sagt Vater: »Tanja kommt nicht mehr wieder. Sie ist heut Nacht im Krankenhaus gestorben.«
»Ist sie tot?«, fragt Pascal. Was tot ist, das weiß er. Er hat schon eine tote Amsel im Garten gefunden.
Aber kann Tanja auch so tot sein?
Bei der Amsel hat Vater gesagt: »Die begraben wir jetzt.«
Er hat ein Loch unter dem Apfelbaum gegraben, die Amsel reingelegt, das Loch zugeschüttet, einen kleinen Hügel mit dem Spaten zurechtgeklopft. Dann hat er ein kleines Kreuz aus zwei Ästen draufgestellt und zu Pascal gesagt: »Leg noch ein paar Blumen dazu, damit es nicht so traurig aussieht.«
»Ja«, sagt Vater, »Tanja ist tot.«
»Und was jetzt?«, fragt Pascal.
»Sie ist jetzt im Himmel, beim lieben Gott.« Das sagt Mutter. Aber Pascal wollte was anderes wissen:
»Wird sie jetzt auch eingegraben wie die Amsel?«
»Komm mal her«, sagt Vater, »ich erklär dir das. Du bist schon groß genug dafür. Schließlich kommst du bald in die Schule.«
Er nimmt Pascal auf den Schoß.
»Tanja wird begraben. Aber nicht so wie die Amsel. Sie kriegt ein Bett aus Holz, mit einem Deckel drauf. Das nennt man einen Sarg. Er ist schön weiß angestrichen. Auf den Deckel kommen viele bunte Blumen. Der Sarg wird auf den Friedhof gebracht. Das ist ein kleiner Park. Da begräbt man die Toten. Die Arbeiter auf dem Friedhof graben ein langes Loch, ein Grab. Da wird der Sarg reingestellt. Unser Pfarrer ist auch dabei. Weißt du, der

immer in den Kindergarten kommt. Für die Beerdigung zieht er einen langen schwarzen Mantel an. Er sagt uns was, um uns zu trösten, und betet mit uns. Dann schaufeln wir das Grab zu. Erst wirft der Pfarrer eine kleine Schippe Erde drauf, dann wir, du auch, dann die anderen Leute. Am Schluss kommen die Arbeiter und schippen das Grab ganz zu. Sie klopfen die Erde fest, dass es einen schönen Hügel gibt. Auf den kommen die Blumen, die wir mitgebracht haben. – So, jetzt weißt du Bescheid.«
Pascal rutscht von Vaters Schoß. »Ich muss jetzt in den Kindergarten!«
Im Kindergarten hat er viel zu erzählen. Erst natürlich Tante Lucie. Die drückt ihn ganz lieb an sich und schickt ihn zu seiner Gruppe. Da erzählt er alles ganz genau: Wie der Krankenwagen kam, und was Vater ihm erklärte, und auch dass Mutter gesagt hat: Tanja ist jetzt im Himmel beim lieben Gott.
Aber da redet Claudia dazwischen:
»Tanja liegt doch im Sarg. Dann kann sie nicht im Himmel sein!«
Was sollte Pascal dazu sagen?

Abends im Bett fragt er die Mutter.
»Die Seele kommt zu Gott, und der Leib kommt in die Erde«, erklärt sie. Aber das versteht er nicht.
»Soll ich jetzt noch für Tanja beten?«
»Ja, tu das.«
»Und was?«
»Na, dass sie gut beim lieben Gott ankommt, und er lieb zu ihr sein soll.«

Da betet Pascal: »Lieber Gott, Tanja kommt jetzt zu dir. Sei lieb zu ihr und grüß sie von mir. Und sie soll nicht böse sein, weil ich ihr die Puppe unter den Schrank gesteckt habe.«
Und dann liegt er im Dunkeln und denkt: Wie kommt Tanja in den Himmel? Sie liegt doch im Sarg! – Er möchte auch wissen, wo der Himmel ist, und wie's dort aussieht.
Nach zwei Tagen wird Tanja beerdigt. Es ist alles so, wie Vater es gesagt hat. Viele Leute sind da: Tante Haußmann, die Großmutter, Nachbarn und Tante Lucie. Der Pfarrer hat tatsächlich einen schwarzen Mantel an. Er sagt auch, dass Tanja jetzt bei Gott ist, weil Jesus dafür gesorgt hat. Und er sagt, im Himmel wäre eine Stadt.
Pascal denkt: Dann ist es für Tanja sicher nicht langweilig.
Er ist ein bisschen stolz, als der Vater ihm die kleine Schaufel in die Hand gibt. Einen großen Haufen Sand lässt er auf den Sarg fallen und schaut hinterher. Es rumpelt ziemlich unheimlich.
Plötzlich friert er. Zu Hause hat er einen heißen, roten Kopf. Die Mutter schaut ihn erschrocken an: »Junge, du hast ja Fieber!« Er muss gleich ins Bett.
In der Nacht wacht er auf. Jemand steht an seinem Bett und leuchtet wie eine Lampe.
»Komm, Pascal«, flüstert er und hebt ihn aus dem Bett. »Ich zeig dir den Himmel.«
Pascal fühlt sich wunderbar leicht. Er hat bestimmt kein Fieber mehr. Der andere nimmt ihn an der Hand. Sie gehen einfach durchs Fenster.

Im Garten ist zwischen den Büschen so etwas wie ein Tunnel. Sie gehen hinein.
Pascal wundert sich: »Wir wollen doch in den Himmel . . . nach oben!«
»Oben ist der Himmel für Wolken, Sterne, Vögel und Flugzeuge«, antwortet der andere. »Der Himmel für Gott . . . Das kann man euch Menschen nicht erklären. Du wirst ihn ja gleich sehen.«
Pascal kommt mit den Füßen überhaupt nicht an den Boden. Es wird ein wenig dunkel. Der andere leuchtet nicht mehr, aber Pascal spürt seine Hand.
Es wird enger.
Pascal macht sich ganz klein. Er muss fast kriechen. Der andere vor ihm scheint es ganz leicht zu schaffen. Pascal aber kann nicht mal mehr die Arme nach vorne strecken.
›Was ist, wenn ich jetzt hier stecken bleibe?‹, denkt er und hat ein bisschen Angst.
Aber der andere fasst ihn am Kopf und zieht und zieht, zieht ihn immer weiter. Und dann gibt es einen Ruck – Pascal ist raus und steht wieder auf seinen Füßen. Um ihn ist es ganz hell. Wunderbar! Er ist glücklich wie noch nie.
»Ich muss wieder zurück«, sagt der andere. »Ich muss noch jemanden holen.«
»Und was mache ich jetzt?«, fragt Pascal.
»Du wirst abgeholt.«
Pascal steht da – oder schwebt er? – mitten in Licht und Glück.
»Grüß dich, Pascal!«

Der Junge dreht sich um. Ein Mann steht vor ihm. Er leuchtet auch. Aber noch heller als der andere – wie eine Wolke im Sommer.
Es ist, als hätte er Flügel.
›Den kenn ich‹, denkt Pascal.
»Ich bin Gabriel«, sagt der.
Natürlich! Pascal hat ein Buch voller Geschichten von Jesus – mit Bildern. Da war auch eins von Gabriel dabei. Aber ein bisschen anders sieht er nun doch aus. Pascal geht ein Licht auf:
»Bin ich jetzt im Himmel?«
»Noch nicht so richtig, aber komm doch mal.«
Gabriel nimmt ihn an der Hand. Es ist, als wenn sie fliegen – durch riesige Zimmer voller Licht.
Plötzlich hört man Musik. Pascal weiß gar nicht, wann die angefangen hat. Es klingt wie viele, viele Brummkreisel und wie, wenn der Wind durch die Tannen im Garten rauscht.
Er fragt Gabriel, was das ist.
»Die himmlische Stadt«, sagt der Engel.
›Aha‹, denkt Pascal. Und dann sieht er's schon: Menschen! Viele tausend Menschen! Oben, unten, neben ihm! Sie singen. Noch nie hat er Menschen so schön singen hören. Es macht ihn so glücklich, wie hundert Geburtstagsfeste auf einmal.
Und dann . . . sieht er da nicht Opa? Wirklich, es ist Opa! Ganz stolz steht er da. Gar nicht mehr krumm und wackelig, und sein Gesicht leuchtet wie eine Geburtstagskerze.
»Opa!« schreit Pascal und staunt, wie wunderschön seine Stimme klingt, wie ein Lied. »Opa! Hier bin ich!«

Opa schaut ihn an, kneift das linke Auge zu, wie früher, wenn er sich was Listiges ausgedacht hatte. Zu Gabriel aber macht er eine Verbeugung, als wollte er sich bedanken, und mit den Händen klatscht er Beifall . . .

»Ist Tanja auch hier!«

Pascal ist ganz aufgeregt.

»Weiter vorne«, sagt Gabriel.

Dann sind sie vorne. Pascal schaut etwas, das ist wie tausend Weihnachten: Auf einem riesigen Platz ein großer Teppich. Er sieht aus wie klares Wasser. Wie im Schwimmbad. Rechts und links vom Teppich stehen Menschen. Vielleicht eine Million. Sie haben Zweige in den Händen und Musikinstrumente. Sie jubeln und machen Musik.

In der Mitte hinter dem Teppich ein gewaltiger goldener Sessel, ein Thron. Auf dem Thron sitzt einer mit einem Gesicht, das Pascal nicht anschauen kann, denn es ist hell, wie die Sonne.

Vor dem Thron sitzen auf silbernen Stühlen Männer mit goldenen Kronen. Dann sind da noch sieben Leuchter – oder sind's Fackeln? – und vier seltsame Wesen. Eins wie ein Adler, eins wie ein Stier, das Dritte wie ein Löwe, das Letzte wie ein Mensch. Sie singen auch etwas. Es klingt wie in der Kirche. Aber Pascal versteht die Worte nicht.

»Sind hier auch Tiere?«, fragt er Gabriel, »und ist die Amsel vielleicht auch hier?« Er hört Gabriels Antwort nicht mehr, denn es fasst ihn jemand an der linken Hand.

Er dreht sich um: Tanja!

Sie drückt ihn, fest und glücklich.

Schön sieht sie aus. Schöner sogar als Mutter.
Sie fällt ihm um den Hals und gibt ihm einen Kuss.
»Pascal! Ist das nicht schön hier! Noch schöner als zu Hause bei Mutter und Vater, bei Tante Haußmann und der Großmutter. Hier möcht ich nie wieder weg!«
»War's schlimm, wie du tot warst?«
»Ach, durch die Büsche, da war ich ein bisschen bange. Aber dann wurde es immer schöner. Nur einmal hab ich richtig große Angst gekriegt: Als Gabriel sagte: Jetzt musst du da vorne hin, vor den Thron – da sitzt Gott drauf – er wird sagen, ob du hier bleiben darfst. Da ist mir eingefallen, wie bös ich oft war, zu dir, zu Vater und Mutter. Ich hatte Angst, dass Gott mich wegschickt. Und Gott war so hell. Ich hab mir die Augen zugehalten. Da hat jemand meinen Arm genommen und mich ganz dicht zu Gott gebracht. Alle waren still. Keiner hat mehr gesungen. Er hat zu Gott gesagt:
›Lieber Vater, das ist Tanja. Ich habe sie lieb.‹
Da konnte ich Gott angucken, und sein Gesicht war freundlich. Und weißt du, wer neben mir stand? Es war Jesus. Er sieht noch anders aus als in dem Buch, aus dem Mutter abends vorliest. Wie ein Freund. Aber in seinen Händen sind noch die Löcher – vom Kreuz.
Er sagte zu mir: ›Siehst du, du darfst bleiben.‹

Plötzlich steht Jesus neben den beiden.
»Grüß dich, Pascal. Ist es hier nicht herrlich für Tanja!«
Da sagt Pascal ganz laut: »Ich möchte auch hier bleiben!«

Antwortet Jesus: »Du musst noch warten, bis du ein Großvater geworden bist. Du sollst noch was arbeiten auf der Erde – für mich.«
Da wird Pascal ein wenig traurig.
»Macht nichts«, tröstet ihn Tanja, »das geht ganz schnell.«
Pascal will noch etwas fragen. Jesus merkt das:
»Na, was hast du auf dem Herzen?«
Fragt Pascal: »Tanja haben wir gestern in die Erde gelegt – in einem Sarg. Ist sie jetzt nicht mehr drin?«
»Doch«, sagt Jesus.
»Das geht doch gar nicht«, sagt Pascal.
Jesus lacht: »Natürlich! Gott kann das!«
›Na ja‹, denkt Pascal, ›da hat er recht. Gott kann schließlich alles.‹ Vorsichtig dreht er sein Gesicht. Gar zu gerne würde er den Thron Gottes genau betrachten. So richtig traut er sich nicht. Aber da sieht er, dass es vor dem Thron raucht, wie ein Lagerfeuer. Der Rauch ist weiß und riecht gut.
»Was macht ihr mit dem Feuer?«, fragt er Jesus.
»Das ist kein Feuer. Auf der Erde beten Menschen. Das kann man hier sehen wie Rauch. Gott freut sich darüber«. Pascal versteht das nicht ganz.
»Wenn ich bete, raucht es dann auch? – Aber ich habe den Rauch noch nie gesehen.«
Sagt Jesus: »Im Himmel sehen wir vieles, was man auf der Erde nicht sieht.«
»Ich hab dein Gebet gesehen«, sagt Tanja. »Es war schön . . . mit der Puppe, da bin ich dir nicht mehr bös – gar nicht.«

Pascal werden die Augen schwer. »Ich bin müde. Kann ich hier schlafen?«
»Tschüss!« Tanja gibt ihm einen Kuss. »Du musst jetzt wieder ins Bett. Grüß Mutter, Vater und Oma. Erzähl ihnen alles. Sie sollen nicht traurig sein. Hier ist es wunderbar. Oma kommt sicher auch bald.«
Pascal fallen die Augen zu. Er legt sich einfach hin. Er fühlt sich wie ein Blatt, das vom Baum fällt. Es wird ganz dunkel.

Aber jetzt hört er Mutter.
»Herr Doktor«, sagt sie, »wird er durchkommen?«
Pascal merkt, sie hat Angst. Da macht er die Augen auf. Er sieht die Mutter, den Vater, den Arzt – der hat ihn neulich geimpft.
»Ich war bei Tanja«, flüstert Pascal. Er ist doch sehr müde. »Sie ist im Himmel. Der Himmel ist schön. Aber Tanja hat mich wieder ins Bett geschickt. Schade . . . Ich soll euch grüßen.«
Dann fallen ihm die Augen wieder zu. Nichts kann er mehr erzählen. Er hört nur noch die Stimme des Doktors: »Das Schlimmste hat er hinter sich!«
Pascal aber denkt:
»Es war doch nicht schlimm! – Es war schön – wunderschön!«

Zu früh aufgegeben

»Ein Neuer!« Eine glockenhelle Stimme, in einem weiten hellen Raum.
»Ein Neuer!« Es klingt wie eine überirdische Schulklasse.
»Ein Neuer!«
»Wie heißt er?«
»Peter – schätze zwölf Jahre.«
»Er steht noch in der Aufnahme – ob sie ihn nehmen?«
»Wieso ist der hier – so jung noch?«
»Warum nicht? Ist doch schön bei uns! – Möchtest du noch mal zurück?«
»Das ist keine Antwort! – Warum ist er hier?«
»Unfall.«
»Ruhe – er kommt!«

Peter – tatsächlich 12 Jahre alt – begriff nichts. Er vernahm das vielfältige Echo schöner warmer Stimmen, doch sah er nur Licht, viel Licht, Licht, das glücklich macht, glücklich zum Weinen.
»Grüß dich, Namensvetter! Bist reichlich früh hier. Wir erwarteten dich erst in achtundfünfzig Jahren.«
Hinter Peter tauchte ein Mann auf, wie man sich einen Ostfriesen vorstellt: alles viereckig an ihm, von den

Füßen bis zu den Augen. Gute Augen, aber sie schauten durch und durch.

»Petrus«, er legte seinen Umhang ab, »Simon Petrus. Fischer und Apostel. Du kennst mich aus dem Religionsunterricht.«

»Sie gibt's tatsächlich!« Und ermutigt durch ein Lächeln: »Bin ich hier im Himmel?«

»Nein, nicht ganz. Wir verhandeln hier über deine Aufnahme.«

Petrus winkte mit einer knappen Handbewegung nach hinten.

Ein junger Mann erschien, recht schlank, man konnte denken, er leuchte von innen.

»Gabriel«, stellte Petrus vor, »Erzengel Gabriel. Er kennt deinen Fall.«

»Wieso mein Fall?«

»Na, er allein hat gesehen, ob du gleich gebremst oder erst noch mal reingetreten hast.«

Peter überfiel plötzlich ein Gefühl wie vor zwei Monaten, als er von der Schule fliegen sollte. Ganz allein stand er vor dem Direktor und vor Herrn Hoffer, seinem Klassenlehrer. Mit Klauen und Zähnen verteidigte er sich. Es hieß, er habe Uwe, einen hinterhältigen Kerl, den er nicht leiden konnte, die Schultreppe runtergestoßen und sei Schuld, dass der fast zwei Monate im Krankenhaus liegen musste.

»Bremsen«, Peter wurde heftig, »der Mercedes fuhr doch wie ein Affe in die Kreuzung, und ich hatte Vorfahrt!«

»Langsam«, Petrus hob begütigend die Hände, »wir besprechen mal alles eins nach dem andern. Wenn ich den

Bericht von Gabriel recht verstanden habe, begann der Mittwoch – das war gestern – mit einer Sechs im Englisch-Test, weil du abgeschrieben hattest. Du wusstest, was es dafür daheim geben würde.«
»Na ja, aber vor allem, dass Uwe und Steffen mich so aufgezogen haben. Sie haben gesagt: Wenn der Helfmann – das ist unser Englischlehrer – mich beim Abschreiben erwischt, dann bin ich ein Anfänger, aber Uwe hat mich bestimmt verpfiffen.«
Gabriel mischte sich ein:
»Susanne hat dich ausgelacht?«
»Diese dämliche Ziege!«
Petrus, wieder mit einem kleinen Lächeln:
»Du magst sie wohl?«
Peter wurde über und über rot. Er war richtig dankbar, dass Gabriel die Verhandlung vorwärts drängte:
»Da waren noch deine Träumereien in der Pause. Du saßest auf dem Treppenabsatz und stelltest dir vor, die Schule brennt, du rettest Susanne aus dem Feuer, und nachher stehen sie alle um dich, Susanne, die Eltern und die Klasse. Du liegst auf einer Trage und stirbst an deinen Brandwunden.«
Peter war peinlich berührt und wütend: Wen ging das was an, was er phantasierte!
»Wir nehmen so etwas ernst!« Petrus hatte Peters Ärger offensichtlich bemerkt.
Wieder drängte Gabriel vorwärts:
»Und wir nehmen auch ernst, dass es höchst ungerecht war, Steffen in die Volleyball-Auswahlmannschaft zu nehmen und nicht dich. Das war in Sport – letzte Stunde.«

Jetzt aber ging Peter hoch:
»Steffen ist ein Großmaul. Er bringt immer alle auf seine Seite, auch die Lehrer! Ich bin besser! – Aber Schuld ist Papa. Beim Frühstück hat er mit Mama rumgebrüllt. Mama hat geheult und eine ganz rote Nase gekriegt. Wenn Mama heult, traut Papa sich nicht mehr und lässt immer seine Wut an mir aus. Und da hat er mir eine geschmiert. Ich hatte eine Stinkwut, noch in der Schule, und keine Vokabel mehr gewusst – und beim Volleyball war ich deshalb auch nicht in Form.«
»Ich fasse zusammen.« Gabriels Stimme klang richtig amtlich, doch hatte Peter das Gefühl, der Erzengel stehe auf seiner Seite. »Peter bestieg das Fahrrad, eine ›Stinkwut‹ im Bauch wegen Steffen, Uwe und Susanne, vor allem aber wegen seines Vaters. Außerdem hatte er Angst, was sie zu Hause wegen der Sechs machen würden. Er konnte nicht einmal zu seinem Freund Karsten gehen, der war in Kur.« (Dieser Gabriel wusste wirklich Bescheid!) »Alles gegen ihn . . .«
»Trotzdem,« jetzt wurde auch Petrus amtlich,« kein Grund, einfach in ein Auto reinzufahren!«
Gabriel: »Aber er versuchte doch noch zu bremsen!«
»Und ich hatte Vorfahrt!« Peter schien freilich nicht mehr so sicher, dass das zählte. Petrus darauf:
»Also jetzt mal ganz ehrlich: Du fuhrst die Lindenallee runter. Erst warst du wütend, dann immer mutloser, und plötzlich kam dir wieder der Gedanke: ›Jetzt tot sein, das wäre schön!‹«
»Ja.«

»Du stelltest dir vor: Zu Hause werden sie weinen und in der Schule ganz schön erschrocken sein. Du dachtest: ›Das geschieht ihnen ganz recht!‹ – War's so?«
»Mm.«
»Und Susanne sollte ihr Lachen bitter bereuen.«
Schweigen.
»Also, weiter! Jetzt kommt der Mercedes von links. Einen Moment hörst du auf zu treten. Doch etwas fährt dir in die Beine – du trittst noch einmal rum. Kühler, Scheinwerfer, Stoßstange kommen auf dich zu – du ziehst die Bremsen – zu spät!«
Peter, nach langem Schweigen: »Ich wollte nicht mehr.«

Stille – endlose Stille.
Dem Jungen zittern die Knie. Warum hatte er? Wollte er wirklich nicht mehr?
Gabriel, sehr vorsichtig, zu Petrus:
»Da ist was dran – irgendwie.«
Petrus schwieg. Als hätte er einen Tafelschwamm, wischte er mit der Rechten über die Helligkeit. Ein Loch entstand, wie eine Bühne. Peter sah einen Mann, eine Frau und drei Kinder – wie gerne hätte er Geschwister gehabt. Sie schienen sich gut zu verstehen. Dann stand der Mann an einer Maschine, viele junge Leute um ihn. Er erklärte ihnen etwas. Man merkte, dass sie ihn mochten.
»So hatten wir uns dein Leben gedacht. Wir meinten, jemand, der einen schwierigen Vater hatte, könnte ein ganz guter Vater und Ehemann werden. Und wer selbst erlebt hat, wie schlimm es manchmal in der Schule sein

kann, würde vielleicht ein brauchbarer Lehrer. – Schade, du hast zu früh aufgegeben. Wir erwarteten dich wirklich erst in achtundfünfzig Jahren.«

Das traf! Eine traurige Kälte fuhr Peter in die Glieder. Die Füße verloren alle Kraft. Es war, als müsse er versinken. Und es tat weh. Peter wusste, was Reue war, aber so hatte sie noch nie geschmerzt.
Er weinte.
»Er weint!« Da waren sie wieder, die schönen warmen Stimmen. »Er weint, lasst ihn noch mal zurück!«
»Seine Frau, seine Kinder, seine Lehrlinge werden einen Peter mit steifem Bein haben. Das wird ihm zu schaffen machen.«
Petrus war schon verschwunden, nur seine Stimme stand noch im Raum.
Und wieder: »Er weint! Er macht die Augen auf!«
Die Helligkeit um Peter ist plötzlich ein weißes Zimmer. Vor ihm das Gesicht von Mutter, verheult, mit roter Nase und doch lieb. Vater dahinter. Er dreht sich um und sucht nach seinem Taschentuch. Ein Apparat piept gleichmäßig. Schläuche und Drähte hängen an Peter herum.
Eine Männerstimme sagt: »Kaum zu glauben, wir haben ihn durchgebracht. Sie werden nun einen Peter mit steifem Bein haben. Das wird ihm zu schaffen machen – aber damit kann er siebzig werden.«

Das kann der liebe Gott doch nicht machen!

Immerhin war Anna schon sechs Jahre alt. Und doch hatte sie noch nie ein Krankenhaus von innen gesehen. Was ein Wartezimmer war, das kannte sie vom Zahnarzt. Da gab's eine Extra-Ecke für Kinder, mit kleinen Tischen und Stühlen, Bauklötzen und Puppen und Bilderbüchern. Und alles immer ein bisschen durcheinander.

Aber hier, im Wartezimmer des Krankenhauses – alles aufgeräumt. Die weißen Stühle schön im Viereck um einen Tisch mit zwei Stapeln Illustrierten gestellt. Das ganze Zimmer – auch weiß. An den Wänden, mit Tesafilm festgeklebt, Plakate. Was da draufstand, konnte Anna zwar lesen, aber sie verstand es nicht. Manche hatten Bilder von Menschen. Eine Frau zum Beispiel, die einen schweren Korb trug und ganz schief ging. Auf dem Plakat daneben ein Mann, um seinen Hinterkopf ein roter Kreis. Der hatte wohl Kopfschmerzen wie Mutter.

Man hatte Anna ohne viele Erklärungen in dieses Wartezimmer gesetzt. Wie lange schon hockte sie mutterseelenallein auf der harten Bank? Vater war mit einem Arzt durch die Glastür gegangen. Wohin? . . . Das Glas war weiß wie Milch.

Warum durfte sie nicht zur Mutter? Sie verstand es nicht. Sie verstand das Ganze nicht. Jeder hat doch mal Kopfschmerzen. Muss man deswegen ins Krankenhaus? Und alle machen ernste Gesichter und regen sich auf!

Jetzt wurde es Anna zu viel. Sie stand auf und öffnete vorsichtig die Tür. Ein langer Gang mit hohen Fenstern. Den war sie vorhin mit der Krankenschwester gekommen. Aber von welcher Seite? – Von rechts? Ja, von rechts. Sie fasste sich ein Herz und ging einfach los. Am Ende machte der Gang einen Knick nach links. Sie blieb stehen. Wo war die Tür mit den weißen Scheiben?
»Hier geht's rein!«
Ein junger Mann tauchte von der anderen Seite auf. Unter dem Arm trug er einen Packen langer Bücher. Sie sahen aus wie Mutters Klaviernoten. Er öffnete eine große weiße Tür, verneigte sich ein bisschen und machte eine Handbewegung wie ein Diener im Schloss:
»Bitte schön!«
Und dann stand Anna in einer großen Kirche. Ja, die Kirche kannte sie. Am Anfang des Urlaubs hatten sie die mit vielen anderen Leuten zusammen besichtigt.
Der junge Mann stieg am Ende der Kirche die Treppe hoch zum Balkon mit der riesigen Orgel. Die Frau, die ihnen in der Kirche alles erklärt hatte, sagte, die Kirche und die Orgel seien die berühmtesten im ganzen Land. Anna setzte sich in eine Bank. Ihr Blick wanderte nach vorne zu der breiten Treppe. Sie führte zu einem Tisch aus Stein, dem Altar – das hatte sie behalten. Sechs große silberne Leuchter standen darauf und dahinter rie-

sige Säulen mit bunt bemalten Figuren: ein Mann in Ritterrüstung, zwei Frauen in weiten, roten und blauen Kleidern, die eine hatte eine kleine Kirche auf dem Arm, die andere fasste sich an die Brust und schaute mit einem seltsamen Blick in den Himmel – war sie glücklich, oder hatte sie Schmerzen? Dann stand da noch ein Mann mit einem Schaf. Über dem Ganzen aber befand sich eine Art Fenster mit hohem Bogen. Ein bärtiger Mann saß drin. Er hatte etwas im Schoß. Aber es war ziemlich dunkel in der Kirche, draußen regnete es immer wieder, und so konnte Anna nicht erkennen, was das war. Rund um den Bogen, an den Säulen und um die Figuren herum: Engel, erwachsene und kleine mit dicken Backen. Überall Engel. Die meisten machten Musik, mit Trompeten und Posaunen, mit Flöten, Harfen und Geigen.

Irgendwann hatten sie schon einmal eine solche Kirche besichtigt. Vater hatte damals gesagt:

»Eine so prächtige Kirche musst du dir vorstellen als ein Schloss für den lieben Gott, da feiert er ein Fest mit Menschen und Engeln.

Die Kirche hier war direkt an das Krankenhaus gebaut. Die Führerin hatte auch gesagt warum, aber Anna war mit was anderem beschäftigt: Rechts neben dem Altar steckte in der Mauer ein langer Glaskasten, und darin lag ein toter Mann. Er war mit einem Mantel zugedeckt. Schmutzig grau war der, aber an vielen Stellen schimmerte ein bisschen Rot, Gold und Blau. Auf dem Kopf trug der Mann eine seltsame Haube, neben ihm lag ein Stab, oben gebogen wie eine Schnecke. Von ihm selbst konnte man nur das Gesicht sehen, dunkel und eingetrocknet – schrecklich! Die knochendürren Finger zum Fürchten! Der Mann war schon viele hundert Jahre tot, hatte die Frau gesagt, und trotzdem machte es Anna traurig, ihn so liegen zu sehen.

Jetzt suchte sie ihn wieder, aber da war eine dicke Säule dazwischen, mit einer Kanzel dran – das ist ein alter Balkon, auf dem die Pfarrer ihre Predigten halten. Anna rückte ans Ende der Bank, und nun konnte sie unter dem ausgestreckten Arm eines kleinen Engels, der unten an der Kanzel hing, den Toten sehen.
Plötzlich kam ihr ein schlimmer Gedanke:
Wenn Mutter nun stirbt! . . .
Vielleicht liegt sie auch schon so tot auf ihrem Bett . . .
Anna schluckte, schluchzte, lehnte den Kopf an die Banklehne und weinte bitterlich. Weinte sie sich in den Schlaf?
Und nun geschah etwas, das würde sie ihr Leben lang nicht vergessen.
An der Orgel raschelte und klapperte es, jemand begann zu spielen – sicher der freundliche junge Mann. Erst probierte er, hörte immer wieder auf, aber dann kamen wunderbare Klänge von oben herunter. Es hörte sich an wie der Wasserfall drüben in den Bergen. Immer lauter wurde die Musik. Immer hellere Töne kamen dazu. Und dann – ja, wirklich, man hörte die vielen Engel am Altar ihre Trompeten, Hörner und Posaunen und die Lauten, Geigen und Harfen dazu.
»Hört auf!«, schrie Anna und hielt sich die Ohren zu. »Hört auf!«

Die Musik verstummte.
»Na, na!«, ganz dicht bei Anna ließ sich eine kleine Stimme vernehmen. »Du machst ein Gesicht, als wolltest du uns alle hier rausschmeißen und die ganze Kirche anzünden.«
Anna schaute sich um. Da war niemand. Die Engel standen still und stumm. Da schrie sie die an:
»Nebenan liegt meine Mutter, ihr zerspringt der Kopf vor Schmerzen, das hat sie selbst gesagt, und ihr macht solchen Krach!«
»Das ist kein Krach! Wir feiern!« – Wieder die kleine Stimme. »Pass auf, gleich fängt noch mal die Orgel an, dann ist es hier fast schon wie im Himmel!«
Und wirklich! Wieder begann das Orgelspiel. Perlenketten von Tönen tanzten ineinander verschlungen durch den Raum. Dichte dunkle Klänge überholten sie wie Wellen im Meer, und alles wurde eingehüllt in Wolken von zarten Melodien.
Einen Augenblick war Annas Aufregung vorbei. Woher kam die kleine Stimme? Doch nicht der kleine Engel? – Anna rutschte zu ihm hinüber. Ihm fehlte ein halber Flügel und ein Stück Nase.
»Starr mich nicht so an! Die Nase, mein Flügel – das war ein kleiner Unfall, vor hundert Jahren, als sie die neuen Bänke brachten. Die Stücke liegen beim Pfarrer in der Schublade, aber das weiß keiner mehr.«
Anna streckte sich über die Bank und tippte mit einer Fingerspitze an den Flügelstumpf.
»Das ist doch Holz!«, flüsterte sie.
»Na, siehst du, jetzt machst du schon ganz andere Augen.«

Das hätte nicht kommen dürfen. Schon gar nicht von einem kleinen hölzernen Engel mit einem Gesicht wie ein Fünfjähriger. Der ganze Zorn kam aufs Neue in ihr hoch:

»Ihr seid gemein! Vielleicht stirbt meine Mutter! Und ihr feiert! Das kann der liebe Gott doch nicht machen: jetzt hier mit euch feiern wie in einem himmlischen Schloss. Das ist ja wie im Fernsehen. Da feiern die Könige mit ihrem Hofstaat, essen, trinken, tanzen, und die Diener machen Musik, und draußen, da hungern die Untertanen, sind krank und sterben, und dem König ist das egal.«

Die Musik brach ab. Der Engel schwieg.

»Also, jetzt sag was!«

Nichts! Natürlich nichts.

Nur – und das fiel ihr jetzt erst auf – vom großen Zeh bis zur Zeigefingerspitze war der Engel gestreckt wie ein Pfeil, ausgestreckt auf einen Punkt: auf den dunklen Fensterbogen oben über dem Altar. Und plötzlich bekamen die Wolken draußen wohl ein Loch. Ein Lichtfleck wanderte in das dunkle Halbrund. Und jetzt konnte man's genau erkennen: Der Mann mit dem Bart hatte eine goldene Krone auf. Das war Gott – ganz klar. Er saß da, ernst, ein wenig gebeugt, wie ein Vater, der sich Sorgen macht. Oder tut ihm was weh? Und was er in seinem Schoß und zwischen den Knien hatte, das war ein Kreuz. An dem Kreuz: Jesus, mit einer Dornenkrone, er blutete, und der Mund war kreisrund geöffnet, sicher stöhnte er vor Schmerzen.

»Gott ist kein König, dem es egal ist, wie's seinen Leuten draußen geht.«

Ein bisschen stolz klang die Stimme des Engels. »Er findet es schlimm, wenn ein Mensch krank wird, Schmerzen hat, sterben muss. Aber das ist vorläufig nicht zu ändern. Warum – da wirst du vielleicht eines Tages draufkommen. Sogar Jesus, sein Sohn, hat das erlebt. Mit dem Kreuz, mit den Dornen, mit den Löchern in den Händen und Füßen, aber mit den Todesschmerzen nimmt Gott ihn auf seinen Schoß, wie eine Mutter ihr krankes Kind. Und nun tut es Gott genauso weh, wie seinem Sohn. Aber ist das nicht wunderbar; der Sohn wird ganz ruhig, man könnte denken, er schläft ein. Er ist ja bei seinem Vater. Da wird auch das Allerschrecklichste am Ende gut, so gut wie ein herrliches Fest, das nie mehr aufhört.«
»Nimmt der liebe Gott Mutter auch auf den Schoß?« . . .

»Anna!«
Jemand fasste sie um die Schultern.
»Anna, wie kommst du denn hier her?«
Vater war's. Er saß neben ihr und zog sie an sich. Anna kletterte auf seine Knie und drückte ihn ganz fest.
»Der liebe Gott hat Mutter auf dem Schoß.«
Wieder kamen ihr die Tränen, und der Vater weinte auch. Hinten knarrte die Treppe. Der junge Orgelspieler ging mit leisen Schritten davon. Aber für Anna war die ganze Kirche voller Musik. Und die Tränen machten ihr das Herz fast leicht. Es war, als würde da innen drin ein Fest gefeiert, ein ernstes, aber wunderschönes Fest.
Und der Mann im Glaskasten – sein vertrocknetes Gesicht sah aus, als hörte auch er die Musik und das Fest.

Die Schwalben ziehen dahin – daher ...

»Jedes Jahr, wenn der Sommer zu Ende geht, fliegen die Schwalben unter meinem Dach nach Süden. Dieses Jahr mach ich's auch.«
Die Leute auf der Insel mochten es kaum glauben: Willi Frogge mietete sich auf dem Festland ein Auto und fuhr davon – nach dem Süden. Es dauerte drei Wochen, bis sein Freund, der Gastwirt, eine Postkarte bekam. Gewaltige Berge waren drauf. Nur ein kurzer Gruß und: »In einer Woche bin ich wieder zu Haus, da werdet ihr Augen machen.«
Und sie machten Augen: Er stieg aus dem Küstendampfer mit einer jungen Frau am Arm. Sie trug ein Dirndl, wie sie es nur aus Heimatfilmen kannten oder ab und zu mal bei einer der Feriengäste.
»Das ist Fina, meine Frau. Wir haben vor zwei Wochen geheiratet, in einer Kirche – so was von Kirche habt Ihr noch nicht gesehen!«
Die Insel schüttelte den Kopf: Willi, der bedächtige Fischer, heiratet ruckzuck. Und dann noch ein Mädchen aus Bayern! Wenn das man gut geht!
Es ging gut.
Sie sprach verständliches Deutsch, nicht so wie die Bayern im Fernsehen. Sie fügte sich ziemlich bald und

leicht in das Inselleben ohne Berge und Kuhglocken ein. Nur ihre Tracht behielt sie bei. Und mit der Zeit empfanden die Inselleute diesen Farbtupfer als einen Schluck Vergnügliches in ihrem etwas grauen Leben.

Sie ging ohne Zögern mit Frogge in die Kirche – sie waren hier alle lutherisch – lernte ziemlich schnell die Gesänge. Nur ehe sie sich in ihre Bank auf der Seite der Verheirateten schob, machte sie einen Knicks und bekreuzigte sich.

Der Pfarrer fand das in Ordnung, und da gab sich die Gemeinde zufrieden. Nur als der Jan, der Lauselümmel, es ihr einmal mit feixendem Gesicht nachmachte, fing er von seinem Vater eine deftige Maulschelle.

Nach fast einem Jahr sah jeder: die Fina ist schwanger.

»Na, Willi!«, ein bisschen Spott, gemischt mit Hochachtung lag in diesen zwei Worten seiner Stammtischbrüder. Er gab drei Runden aus. Und dann sangen sie bis in die halbe Nacht.

Der Junge kam ein wenig zu früh, noch bevor man die Gemeindeschwester am anderen Ende der Insel fand.

»Dunnerlüchting!«, entfuhr es ihr, als sie Fina und ihren Sohn versorgte. »Du bist ein Mordsweib!« Das hatte sie vom Bayernfernsehen aufgeschnappt.

Willi kam erst zur Dämmerung zurück. Da war denn noch eine Stammtischrunde fällig.

»Bring mir auch ein Stamperl mit«, rief ihm seine Frau nach.

Die Runde lachte vor Begeisterung, als er nach einer halben Stunde nach Hause ging und tatsächlich ein Glas mitnahm.

Und als sie dann dem Pfarrer verkündete: »Er soll nicht Alois heißen, wie mein Vater, sondern Sven, wie sein anderer Großvater, das passt auch besser zu seinen blonden Haaren«, da war sie richtig »drin« – für alle.
Sie war eine geborene »Schwalbe« – Fina Schwalbe. Willi nannte sie Schwälbchen. So etwas Liebevolles hätte ihm früher niemand zugetraut.
Zwei Jahre lebten die Frogges in einer ruhigen, irgendwie glücklichen Wärme. Da brachte Fina einen zweiten Sohn zur Welt, einen strammen Kerl mit schwarzen Haaren wie die ihren. Diesmal war die Gemeindeschwester dabei. Dennoch wurde das Kind nach ein paar Minuten blau im Gesicht und rang nach Luft. Nichts half, keine Spritze, kein Beatmen. Das kleine Leben stand still. Die Schwester holte Wasser in einem Zahnbecher um den Jungen zu taufen.
»Welchen Namen?«, fragte sie. Fina hatte keine Kraft zu antworten.
»Vinzenz«, – das war der einzige bayerische Name, der ihr einfiel – »ich taufe dich auf den Namen des Vaters und des Sohnes und des Heiligen Geistes. Friede sei mit dir. Amen.«
Von diesem Tage an lag ein Schatten über Fina. Nein, eigentlich war es nur ein Hauch von Schatten. Sie war bald wieder bei Kräften, ging mit Sven durch den Ort, erschien im Weber'schen Kramladen, der immer noch das Emailschild »Kolonialwaren« trug. Wie gewöhnlich ein kurzer Snack und »Tschüss«.
Wenn Willi »draußen« war, saß sie oft stundenlang auf der Bank vor der Tür und strickte. Sie hatte Muster, die

konnten Inselfrauen nur bewundern. Sven spielte im Sand oder setzte sich neben sie und schaute den Schwalben zu, die unter der Dachkante ihre Nester hatten.
»Das Schwälbchen«, meinte Frau Weber eines Mittags zu ihren Kundinnen, »sie scheint's verdaut zu haben.«
Auf dem Stuhl bei den Kartoffelsäcken saß ein alter Herr, ein Feriengast aus Berlin.
»Wieso heißt die Schwälbchen?«, fragte er, als er allein im Laden war. »Und was hat sie verdaut?«
Er erfuhr alles über Frogges – haarklein.
Vom Ansehen kannte er die Fischersfrau, denn jeden Tag wanderte er an ihrem Haus vorbei auf den Deich und in die Dünen. So auch den Tag danach. Schon von weitem sah er die Frau mit ihrem Söhnchen vor dem Haus sitzen, oben drüber sausten die Schwalben hin und her. Da »stach ihn der Hafer« – wie man in Berlin sagt. Er richtete sich auf, nahm einen Marschschritt an, wie wohl einst als Soldat, und sang ein Marschlied aus »alten Zeiten«:

Die Schwalben zieh'n dahin – daher,
sie zieh'n wohl über's Meer;
der Mensch lebt einmal nur
und dann nicht mehr.«

Zwei Schritte Pause und dann:

»Die Vöglein im Walde,
die sangen so wunder-wunderschön:
In der Heimat, in der Heimat,
da gibt's ein Wiederseh'n.

Am nächsten Mittag geschah dasselbe, nur zog er jetzt vor Frau Frogge richtig ehrerbietig seinen Hut.

»Den hat mir der Paster geschenkt, ›fürs Schwälbchen‹ hat er gesagt. Ich muss nu adieu sagen, morgen fahr ich nach Hause. Und wenn ich noch lebe, dann mach ich's wie eure Schwalben: ich komm wieder ›daher‹.«

Am nächsten Morgen – es war Sonnabend – half Sven dem Vater den Gartenzaun reparieren. Man hörte die Signale des Küstendampfers. Sven rannte ins Haus und holte das große Fernglas aus dem Wohnzimmerschrank. Langsam bugsierte sich das Schiff aus der Anlegebucht und zog weit draußen an Frogges Haus vorbei. Auf der Brücke winkte jemand.

»Das ist der Opa Lehmann!«

Sven konnte ihn durchs Glas deutlich erkennen und winkte und winkte.

Sie gingen wieder an die Arbeit. Sven musste die frischen Pfähle halten, die sein Vater mit einem schweren Hammer in den Boden rammte.

»Die Schwalben ziehn dahin – daher . . .« Sven brach sein Lied ab.

»Papa, was ist das – der Mensch lebt einmal nur und dann nicht mehr?«

»Tja«, Willi zog die Mütze ab und kratzte sich in den Haaren. »Tja, also die Schwalben, die fliegen im Herbst weg, nach dem Süden. Im Frühling komm'n se wieder, fliegen ums Haus rum und reparieren die Nester oder bauen neue.«

»Sind das nun dieselben, die abgeflogen sind?«

»Für uns sieht das so aus, wir können das nicht kontrollieren. Und wenn unterwegs welche umgekommen sind,

wir merken das nicht, ob eine fehlt. Unter unserm Dach ist jedes Jahr was los . . .
Der Mensch lebt einmal nur . . . ist doch klar: wenn er wegfährt und nicht wiederkommt, weil er gestorben ist, dann ist alles vorbei, ein zweites Leben gibt's nicht mehr. Wo er mal war, da ist jetzt ein Loch, sein Platz bleibt leer. Für einen kaputten Reifen kriegt man Ersatz und alles ist wie vorher. Wenn eine Schwalbe nicht wiederkommt, dann ist eben eine andere da, und alles läuft wie früher. Wenn ein Mensch fehlt, weil er gestorben ist, den kann keiner ersetzen. Er fehlt, auch wenn andere seinen Platz einnehmen. So, Schluss jetzt, das ist eigentlich nichts für einen so kleinen Kerl wie dich.«
»Die Schwalben flieg'n dahin, daher . . .«, fing Sven wieder an.
»Hör auf, ich kann das nicht mehr hören!«
In diesem Herbst wurde es ein wenig dunkler über Fina. Und als das Erntedankfest rum war, nahm Willi sein Schwälbchen in die Arme.
»Will mein Schwälbchen auch mal nach Süden fliegen? – Bleib so lange du willst, und wenn es den ganzen Winter ist. Neulich haben wir doch im Fernsehen deine Heimat im Winter gesehen. Unser Winter muss schlimm sein für dich. Es tut mir Leid, dass ich das nicht schon längst gemerkt hab.«
Sie blieb den ganzen Winter.
Kurz vor Ostern kehrte sie zurück, munter, fröhlich, mit einem strahlenden, fast glatten Gesicht und einem neuen Dirndl.

Es wurde ein herrlicher, sprudelnder Sommer. Lehmann kam ab und zu zum Kaffee. Willi trank im Krug Brüderschaft mit ihm.

Als die Schwalben sich zu ihren Reiseschwärmen zusammentaten, holte Willi den Koffer vom Boden, gab seiner Frau einen dicken Umschlag mit Geldscheinen, küsste sie, heftiger als im Bett.

»Flieg nach Hause, es wird dir und uns gut tun. Nur, bitte komm wieder. Der Sommer mit dir . . . eigentlich ist es nur schade um Weihnachten.«

So ging es einige Jahre. Die Leute nahmen das gelassen: »Sie muss ja auch mal zu ihrer Familie, und für so ein Alpenschwälbchen ist unser Winter wohl nicht gesund. Und wenn sie wiederkommt, ist das nichts?«

Doch irgendwann ging aus Webers Laden ein Gerücht über die Insel:

»Sie ist längst nicht den ganzen Winter bei ihrer Familie. Sie geht in ein Sanatorium.«

Willi widersprach schließlich nicht mehr. Und da war's klar: Es ist so.

Nach Svens neuntem Geburtstag sagte sie ihrem Mann: »Lass den Koffer auf dem Boden. Ich bleibe.«

Willi sah, wie traurig sie den abziehenden Schwalben nachsah.

Ein paar Wochen später rannte Sven seinem heimkehrenden Vater entgegen:

»Die Mama liegt immer noch im Bett, sie schläft.«

Nach langem Rufen, Schütteln, Streicheln schlug sie verwundert die Augen auf.

»Lass mich noch ein bissel schlafen, ich steh gleich auf.«

Die Gemeindeschwester rief den Doktor von der Nachbarinsel. Es wurde eine lange nächtliche Untersuchung. Das Ergebnis:
»Ich kann nicht viel dazu sagen, aber sie wird wohl rüber ins Krankenhaus müssen, am besten gleich morgen.«
»Nein, nicht!« Wie mit letzter Kraft richtete sich Fina auf. »Lasst mich bei euch!«
Der Doktor zog Willi in die Küche.
»Ich sag's ehrlich: ich kenn mich darin nicht besonders gut aus. Aber ich denke, sie werden ihr drüben auch nicht helfen können. Wenn überhaupt, dann kann es nur aus ihr selber kommen. Und dazu braucht sie den Jungen und Sie.«
Also richtete sich Frogge auf und trat wie Lehmann, wenn er am Hause vorbeimarschierte ins Schlafzimmer. Fina hob den Kopf und sah ihren Mann an, mit großen, fragenden Augen.
»Also – du bleibst hier.«
Erleichtert sank sie zurück in die Kissen und griff nach der Hand ihres Mannes.
Und Frogge:
»So alles raus! Und du, Berta, mach ihr einen anständigen Kaffee oder eine Suppe oder so was.«
Es war, als atmete das ganz Haus auf.
Aus dem Aufstehen aber wurde nichts.
Nach zwei Wochen nahm die Schwester den Fischer beiseite:
»Willem, du musst jemand ins Haus nehmen. Ich kann nicht den ganzen Tag, du musst rausfahren und Sven

schafft das auch nicht. Hat sie nicht eine ledige Schwester?«
Dann machte sie eine eigenartige Pause, schaute aufs Meer und plötzlich:
»Willem, als ich mein Fünfundzwanzigjähriges hatte, schenkte mir der Pastor ein Apfelsinenbäumchen. Es blühte wunderbar, brachte zweimal kleine Apfelsinen. Und dann, im vorigen Winter trockneten die Früchte plötzlich ein, die Blätter fielen ab und die Zweige trockneten: Gießen half nicht, Düngen nicht, das Bäumchen ging ein.«
Sie zog ihr Taschentuch hervor, schnäuzte sich, setzte sich auf ihren Motorroller und fuhr davon.

Selma, Finas Schwester, blieb mehr als vier Wochen. Anfangs schien sie die Kranke aufzumuntern. Doch dann wurde alles an der Kranken müder und müder. Nur mit Not trank sie etwas, aß ein paar Löffel Suppe. Sonst aber starrte sie an die Decke, ab und zu suchten ihre Augen das Fenster. Sven saß oft stundenlang bei ihr und kam schließlich auf einen guten Gedanken: Er holte einen kleinen Tisch ins Schlafzimmer – für seine Schularbeiten. Manchmal redete er halblaut vor sich hin, beim Rechnen oder Schreiben. Und als er merkte, dass das der Mutter irgendwie gut tat, redete er fast ständig.
Eines Mittags, als er aus der Schule zurück war, hob sie den Kopf ein wenig und schaute aus dem Fenster:
»Sind die Schwalben noch nicht da?«
»Aber Mama, es ist noch Winter!«
»Schade, dauert's noch lange?«

Am nächsten Abend trat Selma mit Willi an ihr Bett: »Fina, morgen muss ich heim. Die Eltern kommen mit dem Hof nicht mehr zurecht. Alles ist eingeschneit, sie frieren, der Vater hat nicht mal mehr Kraft, Brennholz zu machen.«
»Schon recht, grüß sie. Wenn's wieder warm ist – vielleicht komm ich mal und bring den Sven mit.«
Schwester Berta kam von da ab jeden Tag mindestens dreimal. Das Pfarrhaus schickte täglich was zu Mittag und Abend. Frühstück machte Willi, aber von alle dem nahm Fina nur Häppchen, oft mit geschlossenen Augen. Nachmittags saß Sven an seinem Tisch neben ihr und erledigte »mit ihr« seine Schulaufgaben. Und wenn sie auch keine Regung zeigte, Sven wusste, sie hörte ihm zu, und es gefiel ihr. Ja, sie schien geradezu auf ihn zu warten.
Als die Adventszeit begann, stellte Sven einen Kranz mit vier großen roten Kerzen auf seinen Tisch.
›Vielleicht merkt sie das‹, dachte er bei sich selbst, denn seit dem Totensonntag lag sie unbeweglich, lang ausgestreckt in ihrem Bett, kein Laut, keine Regung.
»Sven«, hatte eines mittags Schwester Berta gesagt, als sie wegfuhr, »wenn irgendwas ist, ruf sofort an, ich bin auf dem Brunshof, ich glaube, der alte Bauer stirbt.«
Und nun saß er da. Wie sollte er jetzt rechnen! Atmete die Mutter überhaupt noch?
Plötzlich überfiel ihn eine Angst, wie aus der Hölle.
»Mama!« Er warf sich über sie, streichelt sie, küsste sie und flüsterte ihr ins Ohr:
»Mama, bitte geh nicht, bleib hier, bitte, bitte!«

Da schlägt sie die Augen auf, große dunkle Augen, wie er sie noch nie gesehen hatte.
»Sven, da bin ich wieder.«
Sie fährt ihm durch das blonde Haar.
»Komm, setz dich zu mir auf die Bettkante. Ich hab dir was Wunderschönes zu erzählen. Ich hab's genau gehört: ›Wenn irgendetwas ist, ruf sofort an, ich bin auf dem Brunshof, ich glaube, der alte Bauer stirbt.‹«
»Das hast du gehört? Hast du das andere alles auch gehört, was Papa gesagt hat und die anderen?«
»Jedes Wort. Und ich hätte so gerne geantwortet, aber ich kriegte kein Wort raus. Das Schönste war, wenn du deine Schularbeiten hier bei mir gemacht hast.
Aber jetzt erzähl ich dir was, das kannst du dir nicht vorstellen. Die Schwester Berta war kaum weg, da stand jemand an meinem Bett – du hast ihn nicht gesehen, was mich gewundert hat. ›Komm‹, sagte er, ›du brauchst dich nicht anzuziehen, aber deinen Rucksack musst du auf den Rücken nehmen, deine Handtasche in die Linke und deinen Koffer in die Rechte.‹ Dann sind wir aus dem Haus, und du hast immer noch nichts gemerkt. Wir sind an den Strand. Und dann hat er gesagt: ›Los, du bist doch eine Schwalbe, wir fliegen‹. Tatsächlich, wir flogen über das Meer davon. Es wurde ganz arg dunkel. Ein bissel bange wurde mir. Aber der neben mir – ich glaube es war ein Engel – sagte ›keine Angst, wir schaffen das schon‹. Und dann machten wir plötzlich Halt vor einem riesigen, kugelrunden Raum, der leuchtete wie eine goldene Sonne. Und mittendrin ein wunderbares, liebes Gesicht, und das sagte: ›So, Fina, nun bist du da, dein Vinzenz ist auch

da. Jetzt gib mir mal deinen Koffer und den Rucksack und deine Handtasche. Das brauchst du nicht mehr schleppen. Mach dir keine Gedanken über deinen Sohn, deinen Mann, deine Eltern und die anderen, da sind jetzt andere dran, die machen das schon‹. Sven, das war so herrlich, mir war so leicht und glücklich, ich hätte jodeln können. Und dann fühl ich plötzlich die Hände und die Küsse von dir, und du hast geflüstert: ›Bleib doch noch ein bisschen bei uns.‹ Ja, und da hat man mir den Koffer und den Rucksack und die Handtasche wiedergegeben und die Stimme hat ganz lieb gesagt: ›Na, geh schon, Schwälbchen, ein bisschen darfst du noch‹.«

Schwester Berta verschlug's die Sprache, als sie die schon fast tot Geglaubte auf der Bettkante sitzen sah und ihren Sohn daneben.

»Gell, Berta, da schaust. Der liebe Gott hat mir noch ein bisserl Zeit geschenkt. Jetzt bin ich aber müd. Wenn mein Mann kommt steh ich auf, und wir machen eine Brotzeit in der Küche.«

Das »Bisschen« wurde eine wunderschöne Zeit und reichte bis zu Svens Konfirmation. Willi blieb zu Hause, wann immer es nur ging.

Die Konfirmation wurde ein herrliches Fest. Die Großeltern reisten aus den Bergen an und brachten einen geschnitzten Engel mit, der hatte goldene Flügel, den solle Sven über sein Bett hängen.

In der Kirche, als die Konfirmanden das Abendmahl empfingen, meinte Fina den goldenen Raum zu sehen. Als sie dann mit Willi selber an den Altar trat und nieder-

kniete, schaute sie nach dem gekreuzigten Heiland auf dem Altar. Sah der sie liebevoll fragend an? Sie nickte, und da war Einverständnis drin.
Danach ging alles sehr schnell. Kaum waren ihre Eltern abgereist, legte sie sich in ihr Bett, streckte wohlig Arme und Beine, wie jemand der sich nach einem schweren aber schönen Tag schlafen legen darf. Mit eigenartigem Bangen stand Sven an ihrem Bett, hinter ihm Willi. Der packte seinen Sohn fest an den Schultern.
»Nicht weinen! Lass sie gehen. Sie hat's geschafft.«
Ihr Sterben war, als segelte eine von Lehmanns Schwalben beschwingt über das offene Meer.
Der Pfarrer kam ziemlich bald. Er hatte ein Gebetbuch, das war offensichtlich katholisch, denn darin kamen Maria vor und ein paar Heilige, die hier niemand kannte. Als er die verwunderten Gesichter der trauernden Familie und Nachbarn sah, brummte er ein wenig verlegen:
»Wer weiß, wen sie dort alles wieder sieht.«
Es klang, als marschierte der alte Lehmann vorbei, aber der kam längst nicht mehr.
In der Küche besprach der Pfarrer mit den beiden Frogge-Männern die Beerdigung. Und da machte er eine seltsamen Bemerkung:
»Als deine Frau am Sonntag den Abendmahlstisch verließ, hatte ich plötzlich das Gefühl, als hätte sie ihr gesamtes Gepäck: Koffer, Rucksack und Handtasche einfach am Altar stehen lassen und wäre davon, leicht wie eine Schwalbe im Herbst. Ich hätte mich nicht gewundert, wenn sie gezwitschert hätte.«

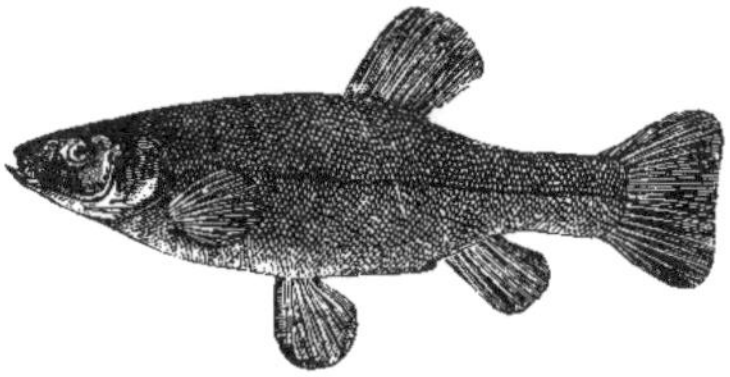

Maul auf – Maul zu

»So'n Mist!« Anna starrte vom Frühstückstisch in den Regen.
»Der Urlaub fängt gut an. Wir wollten doch an den Strand!«
Den Eltern passte das auch nicht, und so aßen sie mürrisch schweigend ihre Brötchen.
»Moment! Ich weiß was!« Der Vater holte eine »Zeitung für den Feriengast« unter seinem Bett hervor. »Irgendwo gibt es hier ein bekanntes Meeresaquarium . . . könnte doch interessant sein.«
Anna wusste natürlich, was ein Aquarium ist. Der Zahnarzt hatte eins im Wartezimmer, hell erleuchtet, voll kleiner, bunter Fische. Stundenlang hätte sie zuschauen können, wie die kleinen Kerle zwischen Pflanzen und Steinen hin- und herflitzten.
Aber dieses Meeresaquarium – unglaublich! Ein großer, dämmriger Raum mit riesigen gläsernen Wasserbecken, bis oben an voll blauschimmerndem Wasser. Sie standen vor einem, das hatte am Boden Sand, Kies und Muschelsplitter, hinten ein kleines Gebirge aus Steinbrocken. Rechts lagen ein paar Reste von einem untergegangenen Schiff. Dazwischen, auf und ab, nach vorne und wieder nach hinten schwammen, ruderten, segelten, flitzten

Fische: lange, dünne, dicke, platte, graue, rosa, gesprengelte . . .
»Schau mal den!« Anna zog ihre Mutter am Rock. »Der schwimmt, wie ein Adler fliegt. Den kenn ich aus dem Fernsehen, das ist ein Manta.«
Eine Horde von silbernen, lang gestreckten Fischen schoss hinter den Felsen hervor, strich an der Glaswand entlang und verschwand wieder hinter den Steinen.
»Ob das Heringe sind?«, meinte der Vater.
Der hatte aber bald genug geschaut und wollte Kaffeetrinken gehen. Anna konnte sich von dem herrlichen Schauspiel nicht losreißen.
»Na, bleib hier, wir holen dich nachher ab.«
Anna hockte sich vor die Scheibe. Schnell wie ein Pfeil schoss ein kleiner Haifisch auf sie zu. Er war nicht länger als ihr Unterarm. Vor der Scheibe bremste er, fuhr an ihr hoch und runter, als wollte er das Mädchen begrüßen, und verschwand wieder. Die silbernen Fische jagten immer noch im Kreis durch das ganze Becken, dicht aneinander gedrängt, ohne Ruhe.
Plötzlich fühlte Anna sich angeschaut und entdeckte dicht vor ihr im Kies zwei Augen. Sie erschrak richtig. Aber dann bewegte sich der Boden um die Augen ein bisschen, und jetzt konnte man's erkennen: Da hatte sich ein ganz platter Fisch eingebuddelt.
Und dann fand sie Onkel Fritz, – dass der seltsame Bursche so hieß, erfuhr sie erst später. Ziemlich in der Ecke des Beckens, dicht an der Scheibe: ein dicker, breiter Fisch, so groß wie zwei Männerfäuste. Er lag in einer Mulde und rührte sich nicht. Die Seitenflossen ruhten

schlapp am Boden. Oben am Kopf saßen Augen wie zwei schwarze Perlen. Darunter fest zusammengekniffen zu einem Strich, das Maul. Bei einem Menschen würde man sagen: Es reicht von einem Ohr zum anderen. In der Mitte standen so etwas wie Zähne heraus.

»Der ist tot«, flüsterte Anna.

Aber dann, fast unmerklich, öffnete sich das Maul – der Spalt wurde weiter und weiter – langsam rundete er sich – größer und größer – ein riesiger kreisrunder Schlund entstand. Der ganze Fisch verschwand dahinter.

›Man kann ihm ja in den Bauch sehen‹, dachte Anna.

Innen sah das Maul aus wie ein aufgeschnittener Ball und ganz rosa, nur an den Seiten zeigten sich ein paar dunkle, senkrechte Falten. Schließlich stand das Maul regungslos offen. Nichts passierte. Doch! Auf dem Rücken hatten sich ein paar drohende Stacheln aufgerichtet. Nach wenigen Augenblicken schloss sich das Maul ganz langsam, bis es wieder ein dünner Strich war. Ebenso langsam senkten sich auch die Stacheln. Nichts sonst hatte sich an dem dicken Kerl bewegt. Und nun lag er wieder wie tot in seiner Mulde, ein, zwei Minuten ... dann ging das Gleiche wieder los: langsam das Maul auf ... offen lassen ... Maul zu ... Pause. Und wieder von vorne: Maul auf – Maul zu ... sonst keine Bewegung. Der kleine Hai sauste auf ihn zu und ganz dicht an seinem Maul vorbei ... Nichts! Maul auf – Maul zu ...

»Na, was interessiert dich denn so?«

Anna drehte sich erschrocken um. Ein Mann stand hinter ihr, sie hatte ihn gar nicht kommen hören. Sein Gesicht war faltig, und er trug eine dunkle Schirmmütze.

»Sind Sie der Wächter hier?«
»So könnte man's nennen.«
»Schwimmt der da nie rum wie die anderen Fische?«
»Onkel Fritz? Nö, der kommt höchstens mal zum Füttern hoch. Nur wenn das Weibchen auftaucht, dann ist er eine Weile ganz aus dem Häuschen. Aber die Dame zieht bald wieder ab, und er legt sich in seine Kuhle.«
»Heißt der wirklich Onkel Fritz?«
»Na ja, vor ein paar Jahren hat ihn der Professor angebracht und gesagt: ›Das ist Onkel Fritz, passt mir gut auf ihn auf. Der ist bald hundert Millionen Jahre alt.‹ Seitdem heißt er eben Onkel Fritz. Weißt du, wie der bei Max und Moritz.«
»Hundert Millionen Jahre! Das gibt's doch nicht!«
»Na ja, der hier nicht, aber seine Familie, die lebte schon im Meer, als es noch keine Menschen, Vögel und Hasen auf der Erde gab. Und bis diese Fische so weit waren, wie der jetzt ist, das hat auch noch ein paar Millionen Jahre gedauert.«
»Die ganzen Millionen Jahre machen die alle dasselbe: Maul auf – Maul zu – Pause?«
»Sehr wahrscheinlich.«
»Und wofür gibt's die?«
»Da musst du den lieben Gott fragen.«
»Ihr Professor, weiß der das nicht?«
»Der weiß 'ne Menge. Der kann dir erzählen, wie die Fische und anderen Tiere so geworden sind, wie du sie jetzt siehst. Er kann dir auch erklären, wie wunderbar das Leben der großen und kleinen Tiere und Pflanzen im Wasser klappt. Aber wofür das alles ist . . . ›Es ist da,

weil's da ist‹, sagt er. – Komm, ich zeig dir noch was Dolleres.«
Er führte Anna auf die andere Seite des Beckens.
»Siehst du den grauen Stock da unten in der Felsspalte? Das ist auch ein Fisch. Die dicke Berta. Die verlässt ihren Platz überhaupt nicht, nicht einmal, wenn gefüttert wird. Das Wasser strömt bei ihr so ein bisschen durch, und was darin schwimmt, das schluckt sie runter, und davon lebt sie. Vielleicht würde sie rauskommen, wenn ein Männchen ihr den Hof macht. Aber wir haben keins. Die Sorte Fisch ist noch älter als die von Onkel Fritz.
»Und die machen Millionen Jahre auch nichts anderes?«
»Wer weiß.«
Anna dachte eine Weile nach. Und dann hatte sie's, was ihr dauernd im Kopf herumging:
»Die dicke Berta kommt mir vor wie Lumpi – und Onkel Fritz wie Herr Schlegel nebenan.«
Und als der Wächter sie etwas ratlos anschaute:
Also Herr Schlegel, ›den hat der Schlag getroffen‹, sagt seine Frau. Der sitzt den ganzen Tag im Sessel. Er kann sich nicht mehr bewegen. Er macht nur mal den Mund auf und zu. Aber reden kann er nicht. Seine Frau füttert ihn. Meine Mutter sagt: ›Herr Schlegel sitzt und wartet, dass er in den Himmel kommt‹. Wenn man Onkel Fritz so ansieht, denkt man, der sitzt da wie Herr Schlegel. – Na und Lumpi, das ist mein Dackel. Morgens gehe ich in die Schule, die Eltern müssen zur Arbeit. Lumpi legt sich hinter die Tür auf die Matte und rührt sich nicht vom Fleck. Der liegt, als wär er tot. Aber wenn einer von uns kommt, springt er auf, tanzt herum, bellt, wedelt mit dem

Schwanz. Und dann toben wir durch den Garten und das Haus. Da mag er gar nicht aufhören.«

»Mädchen!« Nachdenklich schaute der Wächter Anna an. »Wie kommst du da drauf? Ich denke das ja auch: Die warten hier alle auf was . . . Maul auf – Maul zu, hierhin schwimmen – dorthin, was fressen und vielleicht gefressen werden . . . das kann doch wohl nicht alles sein . . . Jetzt sag ich dir was, das darf ich dem Professor nicht sagen, da lacht er mich aus. Aber er lacht nur, weil er nichts Richtiges dagegen sagen kann.

Also: Ich denke, dies Aquarium, ach was, alle Meere und Ozeane, ja die ganze Welt, das ist tatsächlich so eine Art großer Wartesaal. Ein Wartesaal, in dem alle warten, dass ein Zug mit jemand Wichtigem ankommt. Die einen sitzen ganz still auf ihrem Stuhl, die anderen erzählen, andere essen oder spielen Karten oder stricken, wieder andere räumen auf, kehren den Boden und stellen Blumen auf die Tische, und die Kinder laufen herum und spielen Greifen. Aber wenn dann keiner ankommt, dann ist alles eigentlich furchtbar dumm, hat keinen Zweck. Und schließlich sind sie enttäuscht und gehen traurig nach Hause.

Aber wenn der tatsächlich kommt, auf den sie warten, dann sind sie begeistert und feiern ein großes Fest.«

»Denken Sie, der Onkel Fritz und die dicke Berta, die warten auf jemand?«

»Ich meine schon. Die warten auf den Himmel.«

»Was! – Ich denke, nur Menschen kommen in den Himmel, wenn sie sterben. ›Herr Schlegel‹, hat Mama gesagt. Aber die Fische auch und Lumpi?«

»Nein, ich meine was anderes. Weißt du, wer Jesus ist?«
»Na klar! Ich hab ein Bilderbuch von ihm.«
»Dann weißt du sicher auch, dass er vom Tode auferstanden ist und in den Himmel gegangen zu Gott. Und vorher hat er versprochen, dass er wiederkommt. Und dann wird alles anders, auf der Erde und im Himmel. Da sind dann Himmel und Erde zusammen als eine einzige, ganz neue Welt. Da werden wir alle zusammen Gott sehen. Und das wird ein herrlicher Anblick sein, für die Menschen, die Engel, die Tiere und die Pflanzen. Onkel Fritz und die dicke Berta, auch die werden Gott sehen und Jesus, und sie werden vor Glück tanzen und springen, und sie werden singen – nicht mehr bloß Maul auf – Maul zu, ohne einen Ton. Alle anderen Tiere auch. Und die Bäume, sie werden mit ihren Zweigen Beifall klatschen, und die Blumen ihre Blüten schwenken wie Fähnchen.«
»Das wär ja wie im Fußballstadion.«
»Genau! Aber schöner. Keiner wird pfeifen oder niedergeschlagen sein. Die Wellen im Meer rauschen ein wunderbares Lied, die Berge brummen dazu, die Vulkane machen herrliches Feuerwerk, niemand muss sich davor fürchten. Und die Menschen werden ein großes Fest feiern mit Musik und Tanzen und Essen und Trinken. Löwen und Antilopen liegen nebeneinander im Gras und schauen zu. Kleine Kinder spielen mit Giftschlangen. Alle Menschen werden dabei sein, auch die schon gestorben sind oder ertrunken oder verbrannt. Dann hat die Warterei ein Ende für Onkel Fritz, die dicke Berta, Lumpi und Herrn Schlegel.«

»Aber neulich im Fernsehen, da haben sie gesagt, die Fische werden alle sterben, weil wir sie vergiften, und die Erde werden wir verbrennen, oder sie wird erfrieren.«
»Puh!« Der Wächter schob sich die Mütze ins Genick und schaute Anna an, ob sie ihn wohl verstehen würde. »Du stellst Fragen . . . Also – wenn Jesus nicht wäre, würde es wohl so ähnlich enden. Irgendwie hat hier alles einen schlimmen Knacks und geht bestimmt mal kaputt. Aber Gott hat sich doch mit der Erde, den Tieren, den Pflanzen, den Bergen, den Meeren und Flüssen und den Menschen eine Arbeit gemacht von vielen hundert Millionen Jahren – mit Onkel Fritz zum Beispiel und der dicken Berta. Glaubst du, dass ihm das gefällt, wenn weiter nichts dabei herauskäme, als im Rollstuhl sitzen und gefüttert werden oder in einer Felsspalte liegen oder in einer Kuhle und fressen, was gerade so angespült wird, und warten, bis alles erfroren ist oder verbrannt oder vergiftet?«
»Blöd wär das schon!« Anna hockte sich wieder zu Onkel Fritz. »Also warten wir alle auf das Fest mit Jesus – Onkel Fritz, die dicke Berta, Papa, Mama und ich und Herr Schlegel – und Lumpi.«
Sie drehte sich nach dem Wächter um. Aber der war verschwunden. Da war nur noch Onkel Fritz in seiner Kuhle, und der machte langsam sein Maul auf und wieder zu, und Anna dachte:
›Sieht fast so aus, als wollte der was sagen oder singen.‹
Sie klopfte an die Scheibe:
»Tschüss – bis zum großen Fest!«

Hinter dem Mond

Für Frederic, als er am Klassenfest bei der Hit-Parade mit seinem Song völlig baden ging.

In der Oase Turu lebte vor Zeiten ein Esel, ganz für sich. Sein Leben bestand in sehr einfachen Tätigkeiten: Fressen, Trinken und das Fell an der alten Palme schaben ... und singen.
Jedenfalls nannte er's singen. Andere urteilten, es sei ein entsetzliches Geschrei. Darum blieb auch kein Tier länger als drei Tage in Turu. Doch, ein paar schon: Sandflöhe und eine Eidechse.
Viele Stunden am Tag arbeitete der Esel an Intonation, Rhythmus und Form, Jahr um Jahr.
Eines Tages fielen vier geschwätzige Bachstelzen über die Oase her. Sie sollten doch ein bisschen bleiben, lud der Esel sie ein. Aber die hatten keinen Augenblick Zeit. Zum großen Sängerfest der Tiere wollten sie, weit unten im Süden in der berühmten Oase Mara. Vier Wochen werde es dauern.
Mara! Die ganzen Nacht schabte sich der Esel an seiner Palme und vergaß fast das Singen. Mara! Sängerfest!
Am Morgen stand sein Entschluss fest. Er fraß noch einmal, was in seinen Wanst ging, soff in vollen Zügen, und

dann trabte er los – Richtung Süden. – Sängerfest! Das war seine Stunde! Die Krönung jahrelanger Arbeit.

Der Weg war länger als erwartet und erschöpfte ihn ziemlich. Aber dann das riesige Rund der Tiere: Von Elefanten bis zu den Eidechsen, von den Geiern bis zu den Zaunkönigen. Sollte er's wagen? Das Fest neigte sich freilich schon seinem Ende zu. Im Festausschuss raunte der Löwe der Nachtigall zu:
»Die Sache wird ein wenig langweilig. Jetzt müsste ein krönender Abschluss her, der die Leute noch mal so richtig hinreißt.«
Er richtete sich mit langsamer Würde auf. Offensichtlich gedachte er mit einem wüsteerschütternden Solo das Fest zu krönen und zu beschließen.
Da schüttelte der Esel alle Erschöpfung ab und sprang vor der Nase des Löwen auf die Bühne. Die Beine leicht gespreizt nahm er festen Halt auf dem erhöhten Grasplatz, streckte seinen Kopf und Hals in einer geraden Linie nach vorne unten. Und dann holte er mit einem tiefen Atemzug zu seinem Gesang aus.
Er begann mit einem sich von unten aufschwingendem »Jubilus«, der ohne jeden Bruch – jahrelang hatte er daran geübt – in die »kleine Wölbe« überging, und die steigerte sich zur furiosen »großen Wölbe«. Und dann setzte er an – zu seinem »Abgesang«. Auf den war er besonders stolz. Ob es je einen Sänger gegeben hatte und geben werde, der seinen Ton aus kristallener Höhe so in die Tiefe verschweben lassen konnte!

Aber dazu kam es nicht. Als er anhub, hatte sich eine seltsame Stille über das Publikum gebreitet. Doch jetzt, gerade an dieser entscheidenden Passage, brachen die Affen in ein kreischendes, höhnisches Gelächter aus und trommelten ihre Brustkörbe. Und als hätten sie nur auf dieses Zeichen gewartet, tönten alle mit: die Nachtigall und die Krähen, der Löwe und die Wüstenmäuse, Adler, Kraniche, Stieglitze und Ammern, Wachteln und Drosseln und all die anderen. Die Oase zitterte. Wie vom Schlag getroffen erstarrte der Esel. Dann drehte er sich einmal im Rund. Nirgends auch nur ein Fünkchen Beifall, geschweige denn Mitgefühl. Geschlagen von Wut und Scham raste er durch den Chor der panisch aufflatternden Tauben davon.

Vier Tage später fand ihn, rein zufällig, wie es schien, der heilige Franziskus, der ja alle hundert Jahre das Erdenrund abwandern darf, um den Traurigsten unter allen Kreaturen aufzurichten. Der Heilige beugte sich über den zu Tode Erschöpften, kraulte ihm das Fell zwischen den Ohren und füsterte:
»Komm, deine Oase ist nicht mehr weit«, und brachte tatsächlich den Esel nach Hause. Die Eidechse sah ihn über die letzte Düne kommen. Erwartungsvoll hob sie ihren Kopf. Sie hatte sein Geschrei doch sehr vermisst. Er aber trottete stumm an ihr vorüber, soff sich voll Wasser, bis ihm schwindelig wurde, und dann stand er wieder an seiner Palme und schabte sich. Das alte Bild!
Doch in Wahrheit war nichts mehr so wie vorher. Eine bedrückende Stille lag über Turu. Die Palme, die Dorn-

büsche, die kleine Quelle, die Eidechse und die Sandflöhe – alle warteten sie auf das Eselslied. Doch der Esel schwieg. In seinen Ohren gellte noch das Gelächter. Besonders das der Nachtigall. Er kannte sie aus seiner Jugendzeit und hatte sie ob ihres hinreißenden, makellosen Gesanges neidlos verehrt.
Dem Franziskus war noch ein wenig Zeit geblieben, und so setzte er sich neben der Palme in den Sand und kratzte dem Esel den Bauch.
»Los, Alterchen, sing mal. Ich mag das gar zu gern hören. Es erinnert mich an meine Heimat!«
Der Esel reckte mühsam seinen Hals. Aber da kam nur ein rauer Atemzug. Er hatte seine Stimme verloren.
»Ich weiß«, sagte der Heilige. »Sie haben dich vernichtet. Ich hab den Spott der Nachtigall gehört. Du wärest ›von hinter dem Mond‹, hat sie geträllert.
Ich muss jetzt gehen. Aber heute Nacht zeige ich dir, was hinter dem Mond ist.«

Und in dieser Nacht erlebte der Esel etwas Unfassbares. Der kreisrunde Mond zitterte plötzlich, rollte ein wenig nach links und nach rechts, wie wenn einer versucht, einen schweren Stein zu bewegen. Und dann drehte er sich plötzlich, langsam und stetig, wie damals, als der Engel den Stein von des Grabes Tür wälzte, und gab ein kleines Tor frei. Durch das Tor aber schaute der Esel in einen unendlichen Raum voll strahlendem Glanz. Mitten im Raum gewahrte er den Thron Gottes und um den herum eine gewaltige Schar von Menschen. Und dann, er traute seinen

Augen nicht, unermessliche Herden von Tieren, und unter den Tieren eine stolze Gruppe von Eseln. Seinen Vater erkannte er, seine Mutter, zwei von seinen Brüdern, die Schwester, den Großvater. Alle, Menschen und Tiere hatten wunderbar helle Gestalten, glühenden Kohlen gleich. Wie auf ein Zeichen hoben sie an zu singen und verneigten sich dabei gegen den Thron Gottes: Männer, Frauen, Kinder, Nachtigallen, Adler, Löwen, selbst Blindschleichen – alle.
Es war ein unfassbar schöner Gesang.
Und doch, der Esel empfand es ganz deutlich, irgendetwas fehlte – ein Ton, ein Klang. Und er hatte auch schnell heraus, was es war: Die Esel schwiegen! Sie schauten auch nicht zum Thron. Alle blickten sie mit großen Augen durch das kleine Tor zu ihm herunter, dem alten, tief verletzten, verstummten Esel.
Da ging's ihm durch den Leib, wie wenn die Wehen über eine Stute kommen. Der Bauch wölbte sich, zog sich zusammen, ein ums andere Mal, ein Röcheln und Stöhnen bahnte sich den Weg durch den gestreckten Hals, wurde zum Seufzen und Schluchzen und ballte sich zusammen zu einem jubelnden triumphierenden Klang. Und als hätte er nur auf diesen Einsatz gewartet, fiel der ganze Chor der Esel mit ein, und der himmlische Gesang ward voll, rund, schön – einfach vollkommen.
Es währte nur einen Augenblick, dann rollte der Mond wieder an seinen Platz. Doch von Stund an sang der Esel wieder, am liebsten nachts, bei vollem Mond.

Einmal, zurzeit des Vogelzuges, übernachtete die Nachtigall im Dornbusch der Oase und wurde Zeugin des nächtlichen Gesanges.
»Na«, flötete sie, »was ist mit dem, da ist ein neuer Sound drin – nicht schlecht.«
»Neuer Sound!«, die Eidechse hatte das gehört. »Der hat geschaut, was hinter dem Mond ist !«
»Hinter dem Mond? Was für eine Albernheit! Was ist schon hinter dem Mond! Und was hat das mit Gesang und Sound zu tun!«
Jetzt war sie wieder ganz Nachtigall.
»Zitt, Zitt!« machte sie und verschwand in der Nacht.

Hinter dem dunklen Horizont

Briefwechsel am Vorabend der Angst

Lieber Tom!

Schon vor Wochen wollte ich Dir schreiben. Damals, als die Bilder von dem furchtbaren Unglück über den Bildschirm gingen. Ich kam nicht los von dem Anblick der langen Reihen von Toten, mit Tüchern abgedeckt, von den blutenden Menschen, die in Krankenwagen geschoben wurden, von den schreckensstarren Gesichtern der Angehörigen. – Warum? – Warum leiden diese Menschen? Warum sterben sie?! Was haben sie verbrochen? Seit vier Tagen geht dieselbe Frage noch anders in mir um.

Dr. Merk hat mir eröffnet, dass ich operiert werden muss – schnellstens! Er sagte zwar beruhigende Worte. Aber ich kenne sein Gesicht. Es sprach Bände. Seit drei Stunden liege ich schon in der Klinik. Sonst muss man Wochen auf einen Platz warten! Heute ist Mittwoch, am Montag bin ich dran. Ich habe schreckliche Angst. Aber ich darf sie Frank und den Kindern nicht zeigen. – Eins ist wohl sicher: Wenn ich hier lebend wieder herauskomme, dann bin ich mit meinen fünfunddreißig Jahren eine sieche alte Frau, wenn nicht für immer, dann für schrecklich lange Zeit. Das Lachen wird mir vergangen sein. Ich werde nicht mehr die Ärmel hochkrempeln können. Ich werde Schmerzen haben und allen zur Last fallen. Vielleicht aber muss ich sterben. Wahrscheinlich wäre das für alle besser – Aber ich will nicht!

Und jetzt frage ich Dich: Warum muss ich leiden? Warum auch sollte ich sterben? Frank hat eben den Zipfel seines ganz großen Erfolges in die Hand gekriegt – warum dieser Schlag? Wie wunderbar entfalten sich unsere Kinder, nachdem es in den ersten Jahren so schwer war! Und nun!! – Es geht alles kaputt!

Schreib mir was! Komm nicht her. Wir könnten doch nicht sprechen. Neben mir liegt eine andere Frau. Die hört alles. Da bekomme ich doch kein Wort heraus.

Ich weiß, wir haben Dich immer ein bisschen aufgezogen, den »Heiligen Tom«. Oft hab ich mich an Dir gerieben. Öfter aber Dich heimlich beneidet . . . So mit dem Himmel auf Du und Du!

Schreib schnell! Wenn ich könnte, ich würde am Sonntag in unsere Kirche gehen. Aber ein paar Zeilen von Dir – das wär vielleicht so etwas wie Kirche.

Deine Hella

Hella, armes Mädchen!

Ja, Du bist arm. Ich will's nicht beschönigen, nicht drumherumreden: Nach dem, was ich in der kurzen Zeit herausbekam, dürftest Du Recht haben, wie Du Deine

Aussichten einschätzt. Nur, dass Du Deine Befürchtungen vor Frank verbirgst, da hast Du nicht Recht.
Er wird, wenn's zum Äußersten kommen sollte, anders an Deinem Grabe stehen, wenn Ihr die letzten großen Ängste geteilt habt. Ihr hab ja auch sonst alles geteilt: Freuden, Sorgen, Geld, Gedanken, Bett, Kinder . . . Und sollte das Leid eines langen Siechtums über Euch kommen – wer weiß, ob Ihr dann noch so miteinander reden könnt, wie jetzt!
Ich kann verstehen, dass Dir die Frau im Bett nebenan den Mund verschließt. Doch die Chance, unter vier Augen zu reden, müsst Ihr einfordern, nötigenfalls vom Chefarzt.
Ach, Hella, was soll ich Dir nun schreiben? Ich wüsste nichts dazu zu sagen, wenn's da nicht in der Bibel ein erschütterndes und erleuchtendes Bild gäbe, das sagt: Ich seid so arm wie ein Korn, das – eben noch in der Menge der anderen Körner – ergriffen wird, hinausgeworfen auf den Acker, untergeeggt und nun mutterseelenallein in der feuchten Dunkelheit liegt und zergeht. Doch es zergeht nichts zu Nichts. Wenn es zergeht, wird es zum Keim für ein Neues. – So deutet Jesus seinen eigenen Tod: »Das Weizenkorn muss in die Erde fallen und ersterben. Wenn nicht, bleibt es ein verlorenes Korn. Wenn es aber erstirbt, bringt es viel Frucht.« Jesus erwartete seine Auferstehung von den Toten. In ihr wird aus seinem kleinen »Eins-von-Millionen-Leben« ein großes, reiches, volles neues Leben hervorgehen. Er weiß es. Dennoch geht er nicht mit einem verklärten Lächeln in den Tod, son-

dern mit »Schrei und Tränen«. So erfüllt sich der Psalm an ihm, den wir so lieben:

> *Die mit Tränen säen, werden mit Freuden ernten.*
> *Sie gehen hin und weinen und streuen ihren Samen*
> *und kommen mit Freuden und bringen ihre Garben.*

Natürlich regt sich tief in mir die Hoffnung, es möge mit Euch doch noch alles gut gehen – ich bete auch darum. Aber es hat keinen Sinn, wenn Ihr Eure Kraft für das, was kommt, nur aus solcher Hoffnung schöpft. Eure Hoffnung muss jetzt aufs Ganze gehen. Sie darf das Schlimmste nicht auslassen. Sie darf sich nicht in einem tapferen Optimismus erschöpfen, der sich bis zum letzten Augenblick nicht unterkriegen lässt nach dem Motto: »Unkraut vergeht nicht«. Ich wünsche Euch, dass Ihr Euch mit was anderem verabschiedet als mit einem augenzwinkernden: »Wird schon gut gehen«. Natürlich wird es gut gehen, aber wenn's »gut« geht, auf eine vielleicht ganz andere Weise, als wir so gemeinhin denken und hoffen. Paulus beschreibt das so:

> *Denn so wir glauben, dass Jesus gestorben und auferstanden ist,*
> *so wird Gott auch, die da entschlafen sind,*
> *durch Jesus mit ihm einherführen.*
> *. . . Denn gleichwie sie alle in Adam sterben . . .*
> *so werden alle sie in Christus lebendig gemacht . . .*

Wenn diese Erwartung am Ziel Eures leidvollen Weges steht, dann wird Euch dieser Weg wohl traurig machen, aber nicht so traurig wie die anderen, die ohne diese Hoffnung sind. Wenn diese Hoffnung hinter dem dunklen Horizont Eurer Gegenwart wartet, dann klingt es nicht wie Hohn auf das, was auf Erden an Menschenleid möglich ist, wenn derselbe Paulus behauptet:

> *Ich halte dafür, dass dieser Zeit Leiden nicht wert sei*
> *der Herrlichkeit, welche an uns soll offenbart werden.*

Das bleibt auch bestehen, wenn der Montag in einen für Euch langen, für Euch vielleicht unerträglich schweren Weg einmündet. Es gibt ja diesen oft unerträglich langsamen Sensenschnitt des Schnitters Tod. Doch seit Christus gestorben und auferstanden ist, schneidet er die Garben, die wir mit Freuden bringen werden . . . in die »himmlischen Scheunen«, von denen Jesu redet.
Von diesen Scheunen zeichnet die Bibel ein markanteres Bild, als wir uns vor Augen zu halten getrauen: Der Freudensaal, die königliche Hochzeit, der gedeckte Tisch, die himmlische Stadt, der Thron Gottes und Jesu, umrandet vom unerschöpflichen Gesang aller Geschöpfe – das ist die »Herrlichkeit, die an uns offenbart werden soll . . .« an Euch . . . an Dir!
Eure Augen erfassen jetzt nur den drohend dunklen Horizont des kommenden Montag. Dahinter aber liegt großer, weiter, heller Raum, voll unermesslichen Glücks, ein Leben Auge in Auge mit Gott. Nicht unsere religiöse Phantasie hat dieses Bild entworfen, sondern Jesus hat uns dies Kommende eröffnet. Ob Ihr Euch entschließen könnt, Euch darauf zu verlassen.

Nun habe ich meine Sätze nochmal gelesen und entdecke, dass in mir der Gedanke nicht auszurotten ist:

Vielleicht kommt ja doch alles ganz anders . . . Vielleicht sitze ich in sechs Wochen wieder mit Euch zu Tisch – lachend, wie früher . . . Ich glaube, dass diese zähe Hoffnung, dieser unbändige Lebenswille in uns, ein letztes Erbgut ist, das uns Adam hinterlassen hat, mitten in der schrecklichen Erbmasse, dass wir alle sterben müssen. Und dieses Erbgut ist eine Erinnerung daran, dass Gott den Menschen nicht zum Tode, sondern zum Leben schuf.
Sollten wir wirklich wieder so zusammensitzen, dann habt Ihr Euch nicht etwa unnötig Kopf und Herz schwer gemacht, als Ihr das Schlimmste ins Auge fasstet. Im Gegenteil, es wird ja nicht erst im Himmel, in »jener« Welt erfahren, dass, die mit Tränen säen, mit Freuden ernten.
In solch dunklen Tagen und Stunden wird geradezu ein neues Leben in dieses, in Euer Leben gesät.

Mein Herz ist bei Euch
Tom

Advent für Martha S.

»Woher wissen Sie von meinem Sohn? Hat er geschrieben . . . angerufen?« Auf diese Frage war Sebastian nicht gefasst. Gestern nach der Adventsfeier war Martha S. mit ihrem Rollstuhl dicht an ihm vorbeigefahren und hatte ihm zugeraunt:
»Herr Pastor, ich muss Sie sprechen. Ich wohne Zimmer 23, im ersten Stock.« Und dann, richtig energisch: »Um zwei Uhr – ja!«
Martha S. stammte aus dem Norden, wo man zum Pfarrer »Pastor« sagt, wenn er evangelisch ist. Sebastian, Seelsorger im »Alten-Heim am Berg«, konnte sich nicht erinnern, sie je mit jemandem in einem längeren Gespräch gesehen zu haben. Dabei war sie schon sechs Jahre im Haus. Zwei Jahre nach ihrem Einzug musste sie in den Rollstuhl. Sie ertrug das wortlos, nur ihr hundertfach gefältetes Gesicht wurde gelb und erstarrte. Sie machte niemandem Schwierigkeiten: Vom Aufstehen bis zur Nachtruhe fügte sie sich schweigend in die Ordnung des Hauses. Schweigend wartete sie auf die Handreichungen der Pflegerinnen. Schweigend besuchte sie Gottesdienste, Vorträge, Hauskonzerte . . . Doch mit einem Gesicht, als sei sie gar nicht »da«. Die Etagenputzfrau traf's auf den Punkt:

»Sie wirkt«, sagte sie mal zu Sebastian, »wie jemand, der sich ständig fragt, ob er nicht Krebs hat, aber nicht wagt, darüber zu sprechen.«

Also einen Sohn hatte Martha S.!

Sebastian schaute ziemlich verdutzt drein.

»Sie brauchen nicht Versteck zu spielen! Gestern, bei Ihrer Adventspredigt, da haben Sie mich dauernd angesehen. Und dann haben Sie gesagt: ›Ein richtiger Advent hat seinen Preis. Manchmal kostet er ein gutes Wort oder einen Brief.‹ – Na, Sie wissen doch was.«

»Ich weiß nichts! Aber jetzt geht mir ein Licht auf: Der große Blumenstrauß an Ihrem 75. Geburtstag – der war von Ihrem Sohn! Doch! Sie haben sich um die Antwort gedrückt, als ich fragte, von wem der sei!« Schweigen lag über dem kleinen Zimmer. Der alte Schrank knackte. Die Wanduhr tickte langsam und gleichmütig.

Was hatte er gestern gesagt? Sebastian hatte einige Mühe, sich genau zu erinnern. »Siehe, dein König kommt zu dir«, das war sein Thema. Richtig, das hatte er gesagt: »Jesus, der unsichtbare König will zu euch kommen. Er will die Einsamkeit aus den Zimmern nehmen. Er will diese Endstation eures Lebens mit euch teilen . . . Das Herz zur Ruhe bringen, zur Ruhe über allem, was unwiederbringlich vorbei ist, zur Ruhe darüber, wie's jetzt ist, zur Ruhe über allem, was kommt . . . Man kann freilich diesem Advent eine Menge in den Weg legen. Dann weicht die Einsamkeit nicht und auch nicht die Unruhe des Herzens . . . « – Und dann hatte er tatsächlich gesagt: »Der Advent hat seinen Preis – manchmal ein gutes Wort, manchmal einen Brief.« Und das stimmte auch: Während er sprach, wanderte sein Blick unwillkürlich immer wieder zu Frau S. Sie hing so geistesabwesend in ihrem Rollstuhl, dass er sich fragte, ob sie überhaupt irgendetwas mitbekäme. Wer konnte ahnen, dass sich hinter dem grau-gelben Vorhang ihres Gesichtes Erregendes abspielte?

Das Schweigen bekam etwas Bedrängendes – so wie Wasser, wenn es sich höher und höher aufstaut und die Stelle sucht, wo es über die Ufer treten kann.

»Wo lebt ihr Sohn?«

»In Hamburg.«

»Wie heißt er?«

»Karl – sein Vater hieß auch so . . . und er ist auch wie sein Vater!«

»Schlimm, so zwei gleiche Mannsbilder im Haus!« Das traf! Als hätte er mit einem Stock das Letzte bisschen wasserstauenden Wall durchstoßen, drängte sich Wort um Wort hervor:

»Ach, das dauerte nicht lange! Die Firma schickte meinen Mann in den Schwarzwald. Nach fünf Monaten starb er. Der Junge war gerade zwei Jahre alt. Da saßen wir nun unter den fremden Leuten . . . kein Pfennig Erspartes . . . Ne kümmerliche Witwenrente . . . 22 Jahre haben wir zwei uns durchgekämpft . . . den Krieg und danach . . . Und dann musste er an diese Ursel geraten . . .«

Wie ein Deichbruch schwemmten 30 Jahre Bitterkeit, Enttäuschung, Schuld und Einsamkeit heraus.

»Ach, Frau S., da sind Sie nicht allein. Was meinen Sie, wie vielen in diesem Hause Ähnliches passiert ist!«

»Na und! – Warum musste es mir passieren?«
Sebastian verdross sein eigener Einwurf. Natürlich, es war eine Allerweltstragödie. Aber für Martha S. war's ganz allein ihre Tragödie. Die hatte ihr fast die Hälfte ihres Lebens verdunkelt und sie schließlich um einen guten Lebensabend betrogen.
Die Sache ist schnell erzählt: An seinem 22. Geburtstag brachte Karl ein Mädchen mit. Ursel, 19 Jahre, Textilverkäuferin. Sie rauchte, war ungeniert zärtlich und suchte, ohne zu fragen, im Kühlschrank nach Bier. Martha S. hatte, wie sie sagt, nichts dagegen, dass Karl eines Tages »eine Frau ins Haus bringen« würde. Und als Großmutter alt werden, wäre eigentlich schon lange ihr stiller Wunsch. Aber diese Ursel . . . Natürlich versuchte sie ihrem Sohn »die Augen zu öffnen«. Der verbat sich die »Sticheleien« und hielt an dem Mädchen fest – nun gerade! – Schließlich war er so »verdreht«, dass er den Geburtstag seiner Mutter vergaß. Es gab eine schlimme Szene: »Junge«, Martha weinte, »diese Person hat uns nur Kummer und Streit gebracht. Lass sie laufen! Sie wird dich unglücklich machen! Du hast 'ne Bessere verdient!«
»Herr Pastor! Mein Karl kriegte eine ganz spitze, weiße Nase, wie sein Vater. Und die Augen zogen sich zusammen – ich seh das heute noch vor mir. Da wusste ich: Nu is es passiert!«
Karl verließ ohne ein Wort das Haus – für immer.
Eine versöhnliche Geste kam noch – aus Hamburg: Er lud seine Mutter zur Hochzeit ein – vergeblich. – Nach vier Jahren wurde die Ehe geschieden. Die zwei Söhne

gingen zu ihrer Mutter. Martha S. sah die Enkel nie. Am Weihnachtsabend nach der Scheidung stand Karl mit einem großen Blumenstrauß vor der Tür.
Als er dann wie in früheren Zeiten in seinem Sessel saß, die Füße weit von sich gestreckt, und ein Bier einschenkte, konnte die Mutter sich eine kleine triumphierende Bemerkung nicht verkneifen. – Wieder bekam Karl das Gesicht seines Vaters: die weiße, spitze Nase und die zusammengezogenen Augen. Er stellte sein Glas auf den Boden, erhob sich ganz ruhig, zog seinen Mantel an und verschwand in der Nacht.
Sie sahen sich erst wieder, als Martha nach einem Oberschenkelhalsbruch ins »Altenheim am Berg« übersiedeln musste. Karl regelte alles, äußerst korrekt, ja mit einem Hauch von Fürsorglichkeit, aber fast schweigend. – Als er sich verabschiedete, lag ihr ein Versöhnung heischender Satz auf den Lippen. Aber das verschlossene Gesicht des Sohnes erstickte alle Worte. –
Zum 75. Geburtstag kam ein großer Blumenstrauß mit vorgedruckter Karte. Dass die Mutter inzwischen fest im Rollstuhl saß, konnte Karl nicht wissen . . .
»Ja, Herr Pastor . . .« Mit dem rechten Daumen strich sie über die Finger ihrer linken Hand, immer wieder, einen nach dem anderen. Schweigen lastete auf dem Zimmer. Unruhig drängend, ja warnend tickte die Uhr. Nebenan hustete jemand. Schritte im Gang. Tassen klapperten. Es klopfte.
»Ihr Kaffee, Frau S. – Oh, Sie haben Besuch! – Auch ein Tässle, Herr Pfarrer?« Die Helferin – unüberhörbar aus dem Schwäbischen – deckte auf.

»So, Frau S., essen's aber auch den Kuchen. Reden's ihr mal zu, Herr Pfarrer, sie isst, wie's Spätzle!« Dabei schaute sie ihn viel sagend an: ›Die macht nicht mehr lange‹, signalisierten ihre Augen.
»Tschüss!«
Ratlos rührte Sebastian in seiner Tasse. Irgendwie war der Faden abgerissen. Sollte er jetzt auf den Brief kommen?
»Ich weiß nicht, was die immer haben! Jeder will mir einreden, ich soll mehr essen! – Nu gerade nicht!«
Der Brief an den Sohn war fällig. Wie schnell könnte es zu spät sein. Aber wie anfangen, dass man kein »Nu gerade nicht« riskiert?
»Tja, Herr Pastor, jetzt hab ich Sie lange genug aufgehalten . . .«
Das war deutlich. Sebastian hatte sich eben ein paar vorsichtige Worte zurechtgelegt, er schluckte sie hinunter.
»Auf Wiederseh'n, Frau S. Wenn's recht ist, schaue ich bald wieder rein.«
Er ahnte nicht, unter welchen Bedingungen er wieder reinschauen würde.
Am Samstagnachmittag bat ihn die Heimleiterin zu sich. Sie stellte ihm zwei große, stattliche, schwarz gekleidete Männer vor, so zwischen fünfundzwanzig und dreißig.
»Die Herren sind die Enkel von Frau S. Ich dachte, sie sprechen erst mit Ihnen, bevor sie zu ihr gehen. – Ich lasse Sie jetzt allein.«
Den beiden war die Situation sichtlich unbehaglich.
»Tja, Herr Pastor«, begann der Jüngere. Nur der Ernst in den Gesichtern verhinderte, dass Sebastian laut lachte. Denn der Ältere hatte genau die weiße, spitze Nase, die

der Pfarrer aus Marthas Erzählungen kannte, und der Jüngere ähnelte im Gesicht und in der Wahl der Worte, besonders mit diesem ewigen »Tja« seiner Großmutter auf verblüffende Weise.

»Tja, Herr Pastor . . . wie soll ich sagen . . . das ist schlimm, was da passiert ist . . . Also, unser Vater der Sohn von Frau S. – der ist tot. Gestern ist das passiert, auf der Autobahn. Der Arzt hat gesagt »Herzversagen« . . . Er ist die Böschung hoch und dann runtergekippt . . . Mutter musste ihn identifizieren, er hatte keine Papiere bei sich. In der Jacke steckte nur ein Brief, und sie fragten Mutter, ob sie was damit anfangen könnte. Hier . . .« Er zog ein kleines Blatt aus der Brieftasche, »Mutter hat richtig geheult, als sie ihn las.«

Der Brief enthielt nur zwei Sätze:

›Es tut mir Leid! Komm doch mal! – Mama.‹

Nun war Sebastian dem Heulen nahe.

Martha S. blieb ohne Tränen. Mit weit geöffneten Augen starrte sie an den drei Männern vorbei, als sähe sie hinter ihnen jemanden. Ihre Lippen bewegten sich wie im Gespräch. Immer wieder nickte sie sacht mit dem Kopf, so wie's einer tut, wenn er langsam etwas einsieht. Und dann plötzlich, mit lauter, deutlicher Stimme:

»Er hat den Brief gelesen!«

Ihr Blick kehrte zurück. Ruhig betrachtete sie ihre Enkel. Ruhig, mit großen, dunklen Augen schaute sie dem Pfarrer ins Gesicht:

»Tja, Herr Pastor . . .«

»Montag ist die Beerdigung.« Der Ältere durchbrach das Schweigen. »Mutter sagt, sie will dich holen. Ihr Chef

gibt ihr den großen Firmenwagen. Da sitzt du ohne Probleme. Den Rollstuhl kann man bestimmt hinten reinpacken.«
Martha S. schüttelte den Kopf. Sie richtete sich auf, reckte die Arme empor, zog die beiden zu sich herunter und legte ihren Kopf zwischen die Männergesichter.
»Grüßt eure Mutter und kommt wieder – bald!« –

Sie kamen bald wieder – zur Beerdigung.
Martha S. verlangte, kaum waren die Enkel gegangen, nach dem Bett.
Tagelang lag sie reglos, mit geschlossenen Augen, wie ein gefällter Baum. Nur, als Sebastian sie fragte, ob er mit dem Abendmahl kommen solle, nickte sie. Sie nickte, als er die Feier an ihrem Bett mit den Worten begann *»Siehe, dein König kommt zu dir!«* Sie nickte, als es hieß: *›Das ist Christi Leib, für deine Sünde in den Tod gegeben . . . Das ist Christi Blut, für dich vergossen, zur Vergebung der Sünden.‹* Und sie nickte, sehr nachdrücklich sogar, als er – er stand schon in der Tür – ihr verabschiedend zurief: »Nun ist es wirklich Advent geworden – für Sie!«
Als die kleine Trauergemeinde den Friedhof verließ, gingen hinter dem Pfarrer die zwei Enkel. Und so wurde er nachdenklicher Zeuge dieses Gesprächs.
»Mensch«, das war der Ältere, »hätt sie den Brief nicht 20 Jahre früher schreiben können! Was hätt ich so gerne ’ne Oma gehabt!« Darauf der Jüngere: »Tja, jetzt hatten wir zu guter Letzt doch noch eine – und nu is sie schon wieder weg – für immer! . . . Blöd!«

Weißt du, wo der Himmel ist?

Vorwort

Herr Krausneck wohnte am Rande der Stadt in einem nicht allzu großen, etwas altmodischen Haus. Er hatte in seinem Leben viele Bücher geschrieben und Vorträge gehalten. Die Leute hatten ihn bewundert, aber sicher nicht immer verstanden, auch die Zeitungsleute nicht, obwohl sie oft über ihn schrieben.

Heute feierte er den siebzigsten Geburtstag. Seine Bücher las niemand mehr und Vorträge hielten jetzt andere. Aber mit der Post kamen ein Haufen Glückwünsche aus aller Welt. Sie hatten ihn also noch nicht ganz vergessen. Jeden Brief las er seiner Frau vor und wurde dabei immer vergnügter.

Plötzlich sprang er auf:

»Frau, ich schreibe noch ein Buch, mein letztes. Da steht alles drin, was ich weiß. Das wird mein Abschiedsgeschenk an meine Freunde und meine Gegner. Ich geh gleich in die Stadt und kaufe frisches Papier, schönes weißes, festes. Und dann geht's los!«

Frau Krausneck schaute ihn verdutzt an. So unternehmungslustig war er schon lange nicht mehr gewesen.

Eher brummig und missmutig, besonders wenn in der Zeitung etwas von den jüngeren Leuten stand, von ihren Büchern und Vorträgen.

»Du kannst jetzt nicht weggehen. Vielleicht kommt jemand gratulieren.«

Und da klingelte es schon.

»Happy birthday . . .« klang es draußen und »Viel Glück und viel Segen . . .«

Rita, Roland und Ralf, die drei kleinen Enkel standen in der Tür und dahinter Andreas, der Sohn mit Lore, seiner Frau. Es gab ein großes Geschenkeauspacken, Erzählen und Zuprosten mit Wein und Limo. Plötzlich wurde Rita unruhig, sie tuschelte etwas mit ihren Brüdern, und dann verschwanden sie nach draußen.

»Sie haben noch was«, Lore war etwas verlegen, »sie wollten es dir unbedingt mitbringen . . .«

Und dann standen sie vor ihrem Großvater und bauten ihm ein Pappfoto auf, so groß wie sie selbst. »Willkommen in Griechenland!« stand drauf und darunter ein bärtiger Priester, der saß auf der Stufe seiner Kirche. Vor ihm ein Knirps, der ihm zutraulich die Hand entgegenstreckte. Unten drunter ein Dutzend Namen von griechischen Inseln.

»Das haben wir auf dem Sperrmüll gefunden. Wir finden, der sieht aus wie der Opa. Und der Bub, das ist Ralf, als er noch klein war.«

Schweigen in der ganzen Runde. Herr Krausneck musste ein paar Mal schlucken. Frau Krausneck stand mit einem Ruck auf und holte sich ein Taschentuch aus der Schublade.

»Und jetzt erzählst du uns von dem Bild eine Geschichte«, platzte Roland in die Stille.
Opas Geschichte, das war immer der Hauptspaß bei allen Besuchen. Man brauchte nur zu sagen:
»Opa, erzähl doch mal was – von einem Spielzeugauto oder von einem Roboter oder von einer Elster«, und schon galoppierte Opas Phantasie los: abenteuerliche Geschichten, verrückte, lustige, manchmal auch traurige.
»Hm«, Krausneck warf noch einmal einen langen Blick auf das Bild und die Inselnamen. »Also der Priester heißt Vater Georgios. Der kleine Junge gehört zu einer Familie, die auf der griechischen Insel des Priesters Ferien macht. Nun hätten die zwei älteren Brüder den Vater Georgios gerne etwas gefragt, aber sie trauten sich nicht. Na, und was machen sie? Sie schicken ihren kleinen Bruder vor. Was, glaubt ihr, hat er den Priester gefragt . . .«
In diesem Augenblick klingelte es. Der Bürgermeister kam gratulieren, nach einer Weile auch noch der Pfarrer. Da wurde getrunken, Schnittchen gegessen und geredet. Und Krausneck erzählte von seinem Plan, ein Buch zu schreiben. Als die beiden schließlich gehen wollten, machte es im Garten tschinderassabumm. Die Feuerwehr gab ihrem Ehrenmitglied ein Ständchen.
Als schließlich alle weg waren, sagte Andreas natürlich: »So ihr Leut, wir müssen jetzt fahren.«
Lange Gesichter bei Enkeln und Großeltern, aber der Vater war unerbittlich.
Die drei Enkel bettelten zwar: »Wir wollen doch noch die Geschichte von dem Priester und den drei Brüdern hören.«

Aber da war nichts mehr zu machen. »Wisst ihr was«, tröstete der Opa, »ich werde sie euch aufschreiben.«
Als das Auto schon anfuhr, drehte Lore, die Schwiegertochter, das Fenster herunter:
»Glaubst du, dass noch viele dein letztes Buch lesen werden? Du könntest doch das letzte Buch für deine Enkel schreiben, mit lauter Geschichten. Die lesen's bestimmt.«
Nachdenklich ging Krausneck ins Haus zurück. Er ließ sich in seinen Sessel fallen und schenkte sich noch mal von dem schönen roten Wein ein. Frau Krausneck räumte ab, doch ganz leise, denn Herr Krausneck brummte etwas vor sich hin, das mochte er ihr nicht so direkt sagen, aber hören sollte sie es:
»Sie hat ja recht! Das letzte Buch für die Enkel. – Ich weiß jetzt, was der Knirps den Priester fragt: ›Weißt du, wo der Himmel ist?‹ Eigentlich wollte ich mein ganzes Leben lang nichts anderes wissen.«
Frau Krausneck blieb mit ihrem Tablett vor dem Bild aus dem Sperrmüll stehen:
»Wenn du einen Bart hättest, schautest du tatsächlich aus wie Vater Georgios.«

Die wunderlichen Geschichten des Himmelskapitäns

Der erste Morgen

»Martin! – Wo sind die Kinder?«
Frau Steffen rüttelte ihren Mann wach.
»Lass mich schlafen, wir haben doch Urlaub!«
»Die Kinder sind weg!«
»Das fängt ja gut an! Ich dachte: Eine Woche Ferien auf 'ner Insel im Mittelmeer, da hätt ich mal Ruhe nach dieser Reise durch die Antike mit drei Söhnen, die sich nur für Eis, Limo, Esel und schnelle Autos interessieren!«
Herr Steffen quälte sich aus seinem Bett und zog den Vorhang von der Balkontür. – Da standen die drei kleinen Söhne, pressten ihre Gesichter zwischen das Balkongitter und starrten wortlos auf das Bild zu ihren Füßen:
Ein kleiner Platz in der Morgensonne, ringsum niedrige Häuser, manche ein wenig schief, aber alle so weiß gestrichen, dass es einem in den Augen weh tat. Männer mit weißen Hemden und schwarzen Hosen saßen auf kleinen Stühlen, tranken was und erzählten sich wohl aufregende Geschichten, denn sie fuchtelten ständig mit den Händen in der Luft herum. Frauen, manche in langen, dunklen Kleidern, fegten mit einer Art Hexenbesen

vor den Haustüren. Kinder spielten. Dazwischen Katzen, Hunde und Spatzen. Hinter den Häusern: Wasser, blaues Wasser, so weit man schauen konnte. Direkt gegenüber, vier Stufen höher als die Häuser, eine Kirche. Oben auf dem Dach ein Kreuz und eine kleine Glocke, aufgehängt zwischen zwei Mäuerchen.
»Na ihr«, verwunderte sich der Vater, »ihr seid ja so still! – Gibt's das!«

Der Himmelskapitän

Nach dem Frühstück suchten sie den Weg zum Strand. Sie kamen an der Kirche vorbei. Auf der Treppe saß ein Mann mit mächtigem Bart. Sein Gesicht braun und faltig, auf dem Kopf einen seltsamen schwarzen Hut. Er trug ein langes, schwarzes Gewand und Sandalen an den nackten Füßen.
Herr Steffen wollte ihn fragen, wo's zum Strand ginge, und blätterte in einem kleinen Buch, um die richtigen griechischen Wörter zu suchen. Der Mann aber blinzelte die ganze Familie an:
»Guten Morgen! Ich hoffe, Ihre erste Nacht auf unserer Insel war angenehm.«
»Sie sprechen deutsch?«, staunte Herr Steffen.
»Ich war viele Jahre in Deutschland: Berlin, Stuttgart, Köln.«
»Und dann leben Sie auf dieser kleinen Insel?«

»Ich bin hier geboren. Ich wollte immer gerne weit weg. Aber jetzt bin ich ein alter Mann. Ich will zu Hause sterben.«
Er erhob sich, zeigte den Weg zum Strand, verbeugte sich und verschwand in der Kirche.
»Was war das für'n komischer Mann?«, fragte Fridolin, der mittlere der drei Brüder.
»Ein Kapitän – ein Himmelskapitän.«
»Martin, bring doch den Kindern nicht so was bei!« Frau Steffen schüttelte den Kopf. Und dann zu ihren Kindern: »Das ist ein Priester, ein Pfarrer.«
»Also doch ein Himmelskapitän!«, lachte Herr Steffen übermütig.
Frau Steffen schubste ihn – natürlich nicht so doll – und musste auch lachen. Damit war die Sache zunächst mal erledigt. Unten am Meer gab es so viel zu sehen, dass sie den Himmelskapitän darüber vergaßen.
Aber nach dem Mittagessen – die Eltern hatten sich hingelegt, standen die drei in der Tür ihres Hotels, und drüben saß der Pfarrer wieder auf der Treppe.
Fragte Sebaldus, das ist der Älteste, den Fridolin:
»Ob der weiß, wo der Himmel ist?«
Fridolin lachte: »Der ist doch da oben!«
»Quatsch! Denkste, die Oma fliegt da oben rum? Als sie tot war, hat Mama gesagt, die Oma ist jetzt im Himmel. Und Opa hat gesagt, in den Himmel, wo die Oma ist, kommen die Spatzen und die Flugzeuge nicht rein.«
Und dann schaute er zur Kirche. »Geh doch mal rüber und frag ihn.«
Aber Fridolin traute sich nicht und sagte zu Jonas, der

war noch keine vier Jahre:
»Guck mal, da drüben der Opa, der hat bestimmt Bonbons für dich.«
Wenn Jonas »Bonbon« hört, ist er nicht mehr zu halten. Er trabte los, quer über den Platz, blieb vor dem Priester stehen und hielt ihm die Hand entgegen. Der ergriff sie, schüttelte sie und sagte:
»Guten Tag, junger Herr!«
Und Jonas: »Hast du Bonbon?«
Der Priester lachte, streckte ein Bein aus, kramte in der Tasche seines schwarzen Gewandes, zog etwas heraus, das sah aus wie ein kleiner weißer Stock, brach ein Stück ab und schob es Jonas in den Mund.
»Was anderes hab ich nicht. Schmeckt aber süß.«
Und dann klatschte er mit der Hand neben sich auf die Treppe:
»Komm, setz dich her.«
Als sie sahen, wie sich ihr kleiner Bruder neben den Priester setzte, fassten sich die beiden anderen ein Herz, steckten ihre Hände in die Hosentaschen und bummelten, als wäre so gar nichts dabei, über den Platz.
»Na ihr«, wurden sie begrüßt, »auch was Süßes gefällig?«
Fridolin griff begierig zu, aber Sebaldus schüttelte den Kopf.
Der alte Mann hielt ihm die Hand hin:
»Ich heiße Georgios, siebenundsechzig Jahre alt. Ich bin hier der Priester. Dies ist meine Kirche.«
»Ich bin Sebaldus und acht Jahre. Er heißt Fridolin, ist sechs Jahre. Das ist Jonas, der ist fast vier.«
»Na, das sind mal interessante Namen. Jonas kenne

ich, das ist ein Prophet aus der Bibel, den hat ein Walfisch verschluckt und wieder ausgespuckt. Aber die anderen . . .«

»Sebaldus war so ähnlich wie du«, belehrte der Junge den Priester. »Er hatte aber keine Kirche, nur eine Höhle. Das ist tausend Jahre her. Sein Grab ist in Nürnberg. Dort haben sich unsere Eltern verlobt. Fridolin, den Namen hat Papa ausgesucht. Das war ein Mönch, der ist vor tausenddreihundert Jahren zu Fuß durch ganz Frankreich bis zu einer Insel im Rhein. Da ist er gestorben. Als mein Bruder unterwegs war, haben wir dort Ferien gemacht.«

»Dass du das alles weißt . . .«

»Na klar, man muss doch wissen, warum man so heißt.«

»Beni ist in Afrika«, Jonas hielt es für wichtig, dass der Priester auch das wüsste. »Mit seinem Papa und seiner Mama, mit einem Flieger.«

»Beni wohnt nebenan«, erklärte Sebaldus. »Wir spielen immer zusammen, und manchmal isst er bei uns zu Mittag.«

Da gaben sich alle die Hand.

Und jetzt stellte sich doch Fridolin breitbeinig vor den Priester hin:

»Bist du ein Himmelskapitän?«

Georgios lachte, dass es über den ganzen Platz schallte.

»Woher hast du denn das?«

»Der Papa hat's gesagt.«

Und nun Sebaldus dazwischen: »Weißt du, wo der Himmel ist?«

Mit einem Schlag hörte der Priester auf zu lachen,

schaute dem Jungen ernst ins Gesicht:
»Welcher?«
›Aha‹, dachte Sebaldus, ›der weiß Bescheid‹. Also erklärte er: »Der, wo die Oma jetzt ist.«
Georgios schwieg einen Augenblick. Und dann:
»Den kann ich dir nicht zeigen. Den kann keiner sehen.«
»Warum? Ist er so weit weg?«
»Nein«, antwortete Georgios, »das nicht . . .«
Eine Weile sagte er nichts. Und dann – seine Stimme klang ein wenig traurig:
»Kein Mensch kann Gott sehen . . . und den Himmel auch nicht. Davon kann man nur Geschichten erzählen.«
»Und du kannst so was erzählen?«, fragte Fridolin.
Der Priester nickte zum Hotel hinüber: »Heute wird nichts mehr draus. Eben kommen eure Eltern. Aber morgen Mittag . . . warum nicht? Wenn sie's euch erlauben . . .«
Als Herr Steffen das alles hörte, meinte er:
»Da würd ich am liebsten mitkommen.«
Dem Sebaldus gefiel das gar nicht, und er war ziemlich erleichtert, als die Mutter sagte:
»Ich weiß nicht, lass man die Kinder allein gehen.«
»Ich erzähl dir nachher auch alles«, tröstete Sebaldus seinen Vater.

Adam und Eva erzählen vom Paradies und vom Himmel

Am nächsten Mittag – den Jonas hatte die Mutter ins Bett gelegt – erzählte Georgios auf der Kirchentreppe seine erste Geschichte.

»Einmal brachten sie in das Reich der Toten eine junge Frau. Sie hieß Lisa. Sie bekam ihren Platz neben einem sehr alten Mann und einer bestimmt ebenso alten Frau. Sie wusste gleich, wer die beiden waren: Adam und Eva. Das ersten Menschenpaar. Gott hatte es geschaffen, es ins Paradies gesetzt, allerdings später daraus vertrieben, weil sie Gott nicht gehorcht hatten.

Im Totenreich denken die verstorbenen Menschen ständig an früher. Dauernd fragen sie: ›Warum tat ich dieses so und das andere so? Warum habe ich an alles Mögliche gedacht, nur nicht an Gott?‹ Und worüber sie sich in ihrem Leben vergeblich den Kopf zerbrochen hatten, da schlagen sie sich jetzt an die Stirn und jammern: ›Das ist doch ganz einfach! Warum bin ich nie darauf gekommen?‹

Lisa nun hatte etwas ganz Wichtiges auf dem Herzen. Da passte es gut, dass sie so dicht bei Adam und Eva sein konnte.

›Habt ihr‹, fragte sie, ›im Paradies den Himmel gesehen?‹

Adam fragte zurück: ›Willst du wissen, ob wir die Engel und Erzengel und das ganze himmlische Heer gesehen haben und Gott auf seinem Thron? Also – das haben wir nicht gesehen. Gesehen haben wir Bäume und Blumen,

Hirsche, Füchse, Mäuse und Elefanten, Vögel und Eidechsen, Bäche, Teiche, Fische und Libellen. Und natürlich habe ich Eva gesehen und Eva mich.‹
Die junge Frau nickte: ›Hab ich mir gedacht. Genau wie bei mir! Alle haben von Gott geredet und vom Himmel. Aber keiner hat ihn gesehen, niemand hat ihn mir zeigen können! Davon wurde auch ich sehr traurig.‹
Antwortete Adam: ›Du hast mich falsch verstanden. Wir waren nicht traurig. Die Bäume und das Wasser und die Tiere, die Sonne und die Sterne und mitten drin wir beide – das war doch genug. Wir wussten ganz sicher: Das ist die Ecke vom Himmel, die uns Gott geschenkt hat. Die Tiere hatten keine Angst voreinander und vor uns auch nicht. Der eine Baum nahm dem anderen nicht den Boden weg und nicht das Licht und den Regen. Und wir beide hatten keinen Streit und keine Langeweile . . . So etwas ist doch himmlisch!‹
Lisa war noch nicht zufrieden: ›Hat euch Gott manchmal besucht? Bei uns wird das erzählt. Da müsst ihr ihn doch gesehen und gehört haben.‹
›Ja damals!‹, etwas Helles kam in Adams müde Augen, ›damals konnte unser Herz noch sehen und die Seele hören, viel besser als die Augen und Ohren.‹
Jetzt wurde die Frau ganz aufgeregt: ›Also habt ihr Gott gesehen! Hat er Hände, hat er Füße, einen Kopf und einen Bart?‹
›Ach Frau, was denkst du! Er war so hell, da konnten wir weiter nichts sehen als Licht. Ein wunderbar warmes Licht. Es tat gar nicht weh in den Augen. Ihr singt doch ein Lied von Gott, da heißt es: ‚Licht ist dein Kleid, das

du anhast.’ Genau so war es.‹
Lisa schaute ihn verwundert an: ›Da wart ihr doch glücklich.‹
›Und wie!‹
›Warum habt ihr dann von dem Baum gegessen, den euch Gott verboten hatte?‹
Antwortete Eva: ›Ja, Warum? – Das geht mir dauernd im Kopf herum und hört nicht auf. Ich will nicht die Schuld auf die Schlange schieben. Aber neugierig hat sie mich gemacht.
Gott besuchte uns immer, und das war ein Fest. Aber woher kam er? Das wollte ich wissen. Das Paradies war wunderbar. Aber Gott war die meiste Zeit nicht drin. Also gab es noch was anderes. Jetzt wollte ich sehen, was das war. Ich fand es unerträglich, dass Gott ein Geheimnis hatte. Und die Schlange sagte: ‚Wenn ihr von dem Baum esst, werdet ihr hinter das Geheimnis kommen, ihr werdet wissen, was hinter allem steckt.’ Das wollte ich ja gerade und dachte: ‚Ich probier’s einfach mal’. Und Adam machte mit.‹
›Und was habt ihr zu sehen bekommen?‹
›Das war eine Enttäuschung!! Die Schlange hatte uns belogen‹, sagte Adam. ›Was wir gesehen haben? . . . Nur uns selbst! Aber anders als vorher. Wir sahen, dass wir wie nackte kleine Kinder waren, noch nicht alt genug für das, was wir wissen wollten und sehen. Wir wussten plötzlich, dass es nicht nur das Gute gab, das wir täglich um uns hatten, sondern auch Böses. Aber wie damit fertig werden? Dazu waren wir einfach noch zu hilflos. Wir hätten warten sollen, bis Gott selber uns das Geheimnis

lüftete. – Aber jetzt war's passiert. Wir hatten alles kaputtgemacht. Das Paradies war verloren. Plötzlich schaute unser Herz Gott nicht mehr, unsere Seele hörte ihn nicht.

Und draußen, die Erde, auf der wir nun leben mussten . . . manchmal erinnerte sie mich ans Paradies: Wenn ich an einem Bach stand, mit Fischen drin, in den Büschen Vögel, und ein Gazelle kam, um zu trinken. Aber wie lange dauerte es, dann fiel ein Rudel Schakale über sie her und jagte sie zu Tode. Oder es kam die Trockenzeit, die Fische starben, die Tiere verdursteten, die Büsche verwelkten . . . Es war eben aus mit dem Paradies.‹

Eva verstummte und starrte vor sich hin. Und dann, ganz langsam: ›Als unser erster Sohn Kain Abel, den Jüngeren, totschlug, da dachte ich: ‚Wo ist das schöne warme Licht? Wo ist Gott geblieben? Und was ist das für ein Himmel, in dem die Engel bei so etwas zuschauen und nichts dagegen tun . . . Ob's den Himmel überhaupt gibt?'‹

›Wir haben in unserem Dorf einen Mann, der in den Heiligen Büchern liest‹, Lisas Stimme klang bedrückt, ›den hab ich mal gefragt, warum ich den Himmel nicht sehen kann und Gott auch nicht, wo doch alle davon reden. Er hat gesagt: ‚Liebes Kind, alle Menschen sind Kinder von Adam und Eva. Alle müssen wir draußen leben, vor der Mauer des Paradieses.'‹

›Hat er sonst noch was gesagt?‹ Adam hob sein graues, müdes Gesicht.

Lisa dachte nach. ›Ja, er hat das Buch aufgeschlagen und mir einen schönen Satz vorgelesen.‹ Sie überlegte eine Weile, und dann hatte sie die Worte wieder beieinander:

›Gott wird nicht immer hadern, noch ewiglich zornig sein.‹

›Adam!‹ Eva griff nach seiner Hand. ›Eben ist mir's wie damals, als wir Abel begraben hatten. Da saßen wir traurig vor unserer Hütte. Die Nacht war schwarz. Ein Glühwürmchen kam aus dem Busch, flog ganz dicht an uns vorüber und verschwand hinter dem Haus. Weißt du noch, was du gesagt hast? Ich hab's nicht vergessen: ‚Sieh mal, ein winziges Stück vom Lichtkleid Gottes! – Lass uns die Hoffnung nicht aufgeben.'‹

›Ich hoffe ja immer noch.‹ Adam legte sich langsam auf die Seite, zog Evas Hand wie ein Kissen unter seinen Kopf und schaute mit müden und doch ruhigen Augen in die Dämmerung des Totenreiches.

Die beiden Jungen saßen eine ganze Weile stumm neben Georgios. Dann reckte Sebaldus Arme und Beine wie einer, der aus dem Schlaf aufwacht.

»Ist das wirklich wahr?«, fragte er den Priester.

»Na ja«, sagte der, »die Geschichte habe ich mir ausgedacht. Aber sie ist wahr. Die wichtigen und schwierigen Dinge verstehe ich immer erst, wenn ich mir eine Geschichte darüber ausdenken kann. Und wenn ich sie mir oder anderen erzähle, dann merke ich genau, ob sie wahr ist.«

»Die ist bestimmt wahr«, sagte Fridolin.

Georgios gab ihnen die Hand. »Wenn ihr Lust habt, zeige ich euch morgen meine Kirche.«

Sie hatten Lust.
Als sie aus der blendenden Mittagssonne in die Kirche traten, beschlich sie ein wenig Angst. Es war dunkel wie in einer Höhle. Ein merkwürdiger Geruch legte sich über sie, fremd und doch irgendwie schön. In einer Ecke brannten Kerzen, und die beleuchteten eine Wand voller Bilder. Je mehr sich ihre Augen an die Dunkelheit gewöhnten, desto wunderbarer erschien ihnen der Kirchenraum. Gold und Silber spiegelte sich im Kerzenlicht. Der Fußboden zeigte ein Muster aus roten und weißen Steinplatten.
»Wie ein Schloss«, flüsterte Sebaldus.
Fridolin bewegte sich zuerst und stellte sich vor die Wand mit den Bildern, der Mund offen vor Staunen.
»Wer ist das?«, fragte er und wies auf eine Frau, die auf einem eindrucksvollen Thron saß, prächtig gekleidet, zwischen den ausgebreiteten Händen so etwas wie eine lange Schnur.
»Wenn du Jesus kennst«, antwortete der Priester, »müsstest du sie auch kennen. Das ist Maria.«
»Die Mutter von Jesus?«, wunderte sich Sebaldus. »Ich habe ein Buch von Jesus, aber da sieht sie ganz anders aus, viel ärmer.«
»War sie auch«, erklärte Georgios, »aber was sie in Wahrheit ist, das sieht man auf dem Bild. Sie ist so etwas wie eine Königin. Aber das war damals noch verborgen.«
Der Thron war umringt von einer Mauer. Über diese Mauer sprang ein Engel.
»Der Erzengel Gabriel«, erklärte Georgios. »Er verkün-

det der Maria, dass sie Gottes Sohn zur Welt bringen wird. Seht ihr, von oben kommen drei schwarze Finger herunter. Im mittleren sieht man einen ganz kleinen Menschen. Das ist Jesus. Die Finger: das ist ein Zeichen für Gott. Er gibt Jesus, seinen Sohn in den Leib der Maria, damit er darin wächst und schließlich als ein Baby geboren wird.«

»So eine Geschichte hat uns auch Frau Klein im Kindergarten erzählt«, unterbrach ihn Fridolin. »Aber das mit den drei Fingern hat sie nicht erzählt und auch nicht, dass der Engel über eine Mauer springen musste.«

Und Sebaldus fand, Maria sähe aus wie eine Königin hinter Gefängnismauern. »Hast du dir davon auch eine Geschichte ausgedacht?«

»Ein paar«, sagte der Priester. »Heute erzähle ich die Erste. Wenn sie euch gefällt, dann kommt ihr öfter wieder und ich erzähle die anderen.«

Die Jungen nickten.

»So, zuerst mal die von den Traumtagen für Adam und Eva.

Gott hing natürlich an seinen ersten Menschen und vergaß sie auch im Totenreich nicht. Alle tausend Jahre schenkte er ihnen einen Traumtag. Da durften sie sich träumen, was sie nur wollten. Manchmal, wenn sie so an ihr Leben dachten, wunderte sich Adam, warum er vor lauter Arbeit und Sorgen nie auf den Gedanken gekommen war, das verlorene Paradies zu suchen.

›Wir wären ja nicht mehr reingekommen, da stand der

Engel vor. Aber über die Mauer hätten wir doch sicher schauen dürfen.‹
Antwortet Eva: ›Versuchen wir's doch mal am nächsten Traumtag.‹

Der erste Traum

Am nächsten Traumtag also brachte sie der Traum an den Brunnen, bei dem sie ihre letzten Jahre gelebt hatten. Wie nun das Paradies finden?
›Wir gehen immer geradeaus‹, schlug Adam vor.
Das ging in Traumgeschwindigkeit, schneller als ein Vogel fliegt. Nach ein paar Schritten stießen sie auf ein Meer.
›Hast du das früher mal gesehen?‹, fragte er seine Frau.
›Ich kann mich nicht erinnern.‹
›Vielleicht‹, vermutete Adam, ›hat einer von den Paradiesflüssen hier alles überschwemmt. Dann ist drüben sicher schon, was wir suchen.‹ Mit einem großen Sprung setzten sie über das Wasser. Aber welch eine Enttäuschung: Sie finden dort Menschen in Dörfern und Städten. Als sie einen fragen, wo das Paradies sei, zeigt der gegen Sonnenaufgang:
›Da irgendwo.‹
›Schnell weiter!‹, rief Adam seiner Frau zu. ›Unsere Zeit ist bald rum.‹
Und bald stehen sie wieder am Ufer eines Meeres.

›Na, nun müssten wir bald da sein!‹
Adam packt seine Frau an der Hand – noch ein Sprung . . . drei Schritte – wie angewurzelt bleibt Eva stehen:
›Sieh mal, da vorne!‹
›Das Paradies?‹
›Nein – unser Brunnen!‹
Wie ein Nebel senkt es sich über das Menschenpaar. Der Traumtag vergeht. Das Totenreich hat sie wieder.«

»Papa, wenn ich von hier immer geradeaus gehe«, fragte Sebaldus beim Abendessen, »komme ich dann hier wieder an?«
»Wie kommst du jetzt darauf?«
»Na, weil Adam und Eva . . . Also ich erzähl dir die ganze Geschichte, die sich Georgios ausgedacht hat.«
»Die Geschichte versteh ich nicht ganz. Aber das mit dem Brunnen ist ganz einfach.«
Der Vater nahm eine Apfelsine. »Stell dir vor, das ist unsere Erdkugel. Hier, wo das Loch vom Stiel ist, soll der Brunnen sein. Wenn ich mit dem Finger eine gerade Linie auf der Schale ziehe, dann fährt der Finger einmal rum und ist wieder bei dem Loch. So ist es Adam und Eva gegangen.«
»Und wo ist die Mauer?«, fragte Fridolin.
Aber da wusste keiner eine Antwort.
»Vielleicht erzählt er morgen was davon«, tröstete sich Fridolin.

Der zweite Traum

Am nächsten Mittag blieben sie mit dem Priester auf der Treppe sitzen.

»Die Mauer«, drängte Fridolin, »was ist mit der Mauer?«

»Langsam, eins nach dem anderen.« Der Priester strich sich seinen Bart zurecht. »Heute ist der zweite Traumtag dran.

Tausend Jahre lang fragte Adam: ›Was haben wir falsch gemacht? Wieso fanden wir das Paradies nicht?‹ Da hatte Eva einen Gedanken: ›Wir sind immer nur geradeaus gegangen, links und rechts haben wir nicht gesucht. Wenn du ein verlorenes Schaf finden wolltest, hast du's anders gemacht. Da bist du immer im Kreis um den Brunnen gegangen, und jeder Kreis war ein Stück größer als der vorige. Da ist dir kein Fleckchen entgangen. Und am Ende hast noch immer das Schaf gefunden. Lass es uns beim nächsten Traum so machen.‹

Als sie wieder träumen durften, wünschten sie sich noch einmal an ihren Brunnen. Und dann liefen sie in Traumgeschwindigkeit in immer weiteren Kreisen um den Brunnen. Vieles kam ihnen da unter die Augen, aber wo war das Paradies?

›Ich habe das Gefühl‹, sagte Adam nach einer Weile zu seiner Frau, ›unsere Kreise werden immer enger.‹ Und dann blieb er plötzlich stehen: ›Ein Brunnen! – Aber es ist nicht unser Brunnen.‹ Nachdenklich saßen sie auf dem Brunnenrand, und dann entschied Adam:

›Wir müssen weitermachen, das ist noch nicht das Ende.‹ Sie zogen noch einmal ihre Kreise, weiter und weiter, so unruhig, dass sie gar nicht merkten, wie die Kreise wieder enger wurden, bis sie vor ihrem alten Brunnen standen. ›Ich weiß nicht, was das bedeutet‹, klagte Adam, ›jetzt ist uns kein Fleckchen Erde entgangen – und nichts vom Paradies! Aber es war doch da! Ich seh's noch vor mir! Als wir vertrieben wurden, habe ich mich noch mal umgedreht und die Mauer gesehen und das Tor und den Engel mit dem Schwert davor!‹

»Wo die Mauer ist, hat er wieder nicht gesagt«, beklagte sich Fridolin, als sie zum Strand hinuntergingen.

Im Strandkorb erzählten sie den Eltern die neue Geschichte.

»Toll!«, wunderte sich Herr Steffen. »Das mit den Spiralen muss ein alter Beduinentrick sein. Der funktioniert!« Er nahm den großen Wasserball. »Das Ventil hier ist der Brunnen. Jetzt fahre ich mit dem Finger in einer Spirale um das Ventil herum. Die Kreise werden immer größer bis zur Mitte des Balls. Dann werden sie enger und enger und treffen schließlich auf den Punkt, an dem die roten, grünen, gelben und blauen Bahnen des Balls mit einem kleinen runden Stück Plastik zusammengeklebt sind, genau gegenüber dem Ventil auf der anderen Seite. Das ist der fremde Brunnen. Und wenn ich nun weitermache mit den Spiralen, lande ich schließlich wieder beim Ventil. Der Witz bei der Sache ist: Wenn man die Kreise eng genug zieht, kommt man an wirklich jeden Punkt des Balles. Also, wenn Adam seine Kreise nicht zu weit aus-

einander gezogen hat, dann konnte ihm das Paradies mit der Mauer drumherum eigentlich nicht entgehen.«
Fridolin schwieg einen Augenblick, und dann war ihm alles klar: »Also ist die Mauer gar nicht auf der Erde.«

Der dritte Traum

Und das rief er am nächsten Mittag, noch unten an der Treppe dem Priester zu.
»Das ist der Punkt«, antwortete Georgios. »Darum müssen die beiden noch ein paar Mal weiterträumen.«
Sie setzten sich auf die Treppe. Georgios hatte sich ein winziges Stühlchen geholt.
»Nach wieder tausend Jahren wünschten sich Adam und Eva noch mal an ihren Brunnen. Aber wie nun weiter. Da waren sie ziemlich ratlos. Kommt ein alter Mann vorbei, in einem langen weißen Gewand.
›Weißt du, wo das Paradies geblieben ist?‹, fragt Adam.
›Paradies? – Meinst du den Himmel?‹
›Na ja, das ist ungefähr dasselbe. Es ist ein Stück vom Himmel.‹
Der Alte hebt den Kopf und zeigt nach oben: ›Dort! Nicht auf der Erde.‹ Adam schaut den Alten an, dann seine Frau, nickt nachdenklich:
›Da ist was dran. Es könnte ja sein, dass Gott das Paradies zu sich in den Himmel genommen hat. Dann können wir hier lange suchen . . . Also auf, nach oben!‹

»Das gibt's doch nicht!«, platzte Sebaldus dazwischen. »Eine Mauer in der Luft?«
»Kommt drauf an, was für eine Mauer. Pass mal auf: Adam und Eva träumten sich senkrecht von der Erde weg zu den Sternen. Es wurde eine phantastische Reise. In rasender Geschwindigkeit flogen sie an Planeten, Sternen, Sonnen vorbei, durch kreisende Haufen von glühenden und glimmenden Sternen und Felsbrocken hindurch, riesig groß manche und dazwischen ganz kleine. Am Ende des Tages tauchte ein wunderbarer runder blauer Stern vor ihnen auf.
›Adam!‹, rief Eva erschrocken, ›wir fliegen direkt darauf zu! Mach was, sonst geschieht ein Unglück!‹
›Aber wie?‹ Adam wusste keinen Rat.
Doch plötzlich wurde der Flug langsamer. Der Stern kam näher. Herrliche Farben glänzten an ihm auf: Blau, Grün, Braun, Weiß . . .
›Vielleicht sieht das Paradies jetzt so aus‹, Eva stotterte vor Aufregung.
›Vielleicht‹, flüsterte Adam. Er hatte ziemliches Herzklopfen . . . ›Aber sieh mal . . . Oh Gott!!‹
Ganz fest drückt er Eva an sich, als wolle er sie trösten. Und dann sieht sie es auch:
›Unser Brunnen . . . Und wir sind doch immer geradeaus nach oben geflogen!‹«
»Puh!« Die Jungen hatten vor Spannung die Luft angehalten. Doch ehe sie weiter fragen konnten, erschienen die Eltern in der Hoteltür.
Herr Steffen staunte nicht schlecht, als sie ihm die neue Geschichte erzählten.

»Der weiß Bescheid! Es gibt tatsächlich Wissenschaftler, die behaupten, wenn etwas mit unvorstellbarer Geschwindigkeit in gerader Linie von der Erde wegfliegt, kommt es schließlich wieder zur Erde zurück, und zwar ohne dass es kehrtgemacht hat. – Wieso, das weiß ich auch nicht.«

An diesem Abend konnte Sebaldus nicht einschlafen. Vorsichtig schlich er sich zum Balkon. Es musste schon spät sein. Unten hatten sie die Lichter ausgemacht. Nur zwei Männer redeten irgendwo miteinander. Nachdenklich schaute er zu den Sternen.

»Na, denkst du an Adam und Eva?«

Die Mutter stand hinter ihm.

»Ich glaube, wir kommen hier nie raus.«

»Warum auch – hier ist es doch ganz schön.«

»Es ist aber kein Paradies. Und wenn es eins gibt, will ich's auch seh'n . . . Bestimmt ist es im Himmel, aber wo ist der?«

»Vielleicht weiß es euer Priester.«

Der vierte Traum

»Sag jetzt endlich, ob du weißt, wo der Himmel ist?«, begrüßte Sebaldus den Priester.

»Langsam«, antwortete der. »Wir sind ja schon auf dem Wege, aber vorher ist noch was Wichtiges zu klären. Ich erzähle jetzt mal den vierten Traum:

Es ist mal wieder so weit. Adam und Eva sitzen an ihrem Brunnen.
›Wo suchen wir nun?‹, fragt Eva.
Da kommt von irgendwoher eine Frau, und als Eva sie fast flehentlich fragt, wo das Paradies sei, antwortet sie:
›Ihr müsst in die Tiefe.‹
Adam schaut in den Brunnen: ›Das wird auch nicht anders ausgehen – am Ende sitzen wir wieder hier.‹
›Ach‹, sagt die Frau, ›du verstehst mich falsch. Die Tiefe, das ist euer Herz, eure Seele. In die müsst ihr euch versenken. So . . .‹ Sie setzt sich am Brunnenrand in den Sand, kreuzt die Füße, zieht sie unter sich, legt die Hände in den Schoß, schließt die Augen und wiegt ihren Oberkörper ganz sachte hin und her. ›So sinkt ihr in die Tiefe, und dort ist das Paradies.‹
Verdutzt schlägt sie die Augen auf, als Adam ihr schroff, ja fast ärgerlich ins Wort fällt:
›Das habe ich nun wirklich oft genug gemacht. Wir haben ja reichlich Zeit . . . Und was hab ich gefunden – da drinnen in meiner Tiefe . . . Mich selbst! Adam! Den alten Adam!‹
›Sonst nichts?‹
›Nun, manchmal hörte ich das Rauschen der Paradiesflüsse, das Singen der Vögel, den Wind in den Bäumen – und ab und zu die Schritte Gottes und seine Stimme ‚Adam – wo bist du!!'
Aber das ist nur noch eine Erinnerung . . . Was nützt das? Es macht mir nur das Herz noch schwerer: was haben wir verloren!‹

›Wenn sich Adam‹, Eva konnte nicht mehr schweigen, ›wenn sich Adam abends neben mich legte, und ich mich so in seinen Arm kuscheln konnte, dann dachte ich oft: ‚Das ist ein Rest vom Paradies.' Aber wenn er dann morgens mit brummigem Gesicht aufstand und über die Dornen und Disteln auf dem Acker schimpfte . . .‹
›Wir sind eben draußen‹, sagte Adam. ›Was gäbe ich drum, wir könnten noch mal zurück, wenigstens einmal. Aber da ist eine Mauer, ich kann sie nicht sehen, aber sie ist da. Und ich weiß nicht, ist sie um das Paradies oder um uns. Man stößt nicht dran, aber sie lässt uns nicht raus. Keine Tür ins Paradies, sei das nun im Himmel oder auf der Erde . . . Was haben wir angerichtet! – Oh Gott!‹
Da lagen sie schon wieder im Totenreich, und Adams Stimme hallte wie in einem großen, dunklen Keller: ›Oh Gott!‹«

Gott hat ein Herz für Adam und Eva

»Oh Gott!, das gibt Gott einen Stich durchs Herz . . .«
»Hat Gott ein Herz?«, fragte Sebaldus. »Ich denke, nur Menschen haben ein Herz.«
»Lieber Junge«, Georgios sah ihn mit ganz dunklen Augen an, »wir haben ein Herz, weil Gott eins hat. Aber jetzt kommt mal mit.«

Er führte sie in die Kirche vor das Bild, über das sie sich neulich schon gewundert hatten. Das, auf dem der Engel über die Mauer springt.
»Gott hat alles gesehen und gehört, was Adam und Eva geträumt hatten. Für ihn waren das Gebete aus dem Totenreich.
Nun ist ja Gott nicht allein. Er ist der Vater, und er hat bei sich den Sohn und den Heiligen Geist. Zusammen sind sie Gott. Weil wir das ja nicht sehen können, hat der Maler oben drei Finger gemalt. Und so sprach Gott der Vater mit den beiden über die Lage:
›Was immer die Menschen tun, sie kommen nicht heraus. Sie haben das Paradies verspielt, für sich und alle Nachkommen . . . Wir können doch nicht so tun, als sei das alles nicht passiert . . . Was bleibt übrig: Können sie nicht raus, müssen wir rein.‹
So beschlossen sie, dass der Sohn reingeht zu Adam und Eva und zu allen Menschen. Aber so richtig reingehen musste er, nicht so wie ein Überirdischer, der mal auftaucht und dann wieder verschwindet. Richtig ein Mensch sollte er werden – von Mutterleibe an.
›Ich weiß, mein Sohn‹, sagte der Vater, ›das wird dich was kosten, das wird ein Opfer.‹
Der Heilige Geist bekam den Auftrag, die Sache in die Hand zu nehmen. Aber nun Schluss für heute, das müsst ihr erst mal verdauen.«

Beim Abendessen meinte Herr Steffen: »Ihr erzählt ja gar nichts. Hat Georgios keine Geschichte gehabt?«
»Ja doch«, Fridolin wischte sich die Milch von den Lip-

pen. »Der Sohn von Gott soll über die Mauer springen. Aber man kann sie doch nicht sehen.«
Sebaldus wusste nicht recht, was er erzählen sollte. Er ahnte schon, dass er heute was Wichtiges gehört hatte, dass Gott nicht allein ist, und dass er die Mauer nicht einfach wegnimmt. Aber wie das erzählen . . .
Nur eine Sache: »Mama, wenn du neben Papa im Bett liegst, den Kopf hier so . . .«, er zeigte auf seine Brust, »ist das ein Paradies?«
Frau Steffen bekam einen roten Kopf und schaute ihren Mann an. Der lachte leise:
»Na los, Ulla, jetzt musst du was sagen.«
Und Frau Steffen: »Ja, so ein bisschen schon.«
Jetzt wusste Fridolin Bescheid: »Und morgens verschläft er und brummt uns alle an.«
Sebaldus hat's jetzt voll erfasst: » . . . und das Paradies ist im Eimer!«
Herr Steffen lachte schallend. Die Gäste an den anderen Tischen drehten sich um.
»Euer Himmelskapitän – na, das ist mir einer!«

Der Engel springt

Am nächsten Mittag standen sie wieder vor dem Bild mit der Mauer.
»Hin und wieder kommen Reisegruppen auch in meine Kirche«, erzählte der Priester. »Fast immer ist ein Reise-

führer dabei. Der erklärt dann die Kirche und auch die Bilder. Meist haben sie das in irgendwelchen Büchern gelesen. Aber sie verstehen nicht viel von unseren Bildern. Sie leben ja auch nicht mit ihnen, wie wir. Wir hier fühlen uns in einem großen Haus mit Gott. Die Kirche ist ein festlicher Saal darin, und die Häuser der Leute ringsum, das sind die anderen Zimmer.
Die Bilder hier, die sind für uns offene Türen in Zimmer, in die wir nicht reinkönnen, aber wir sehen, wer da drin ist, und was darin passiert.
Also, was passiert in diesem Zimmer: Gott, der Vater, der Sohn und der Heilige Geist haben ja beschlossen, dass der Sohn zur Welt kommen soll, wie alle Menschen. Dazu braucht es eine Mutter. Wer? Sie beschließen: Maria in Nazareth. Warum gerade die, das dürft ihr mich nicht fragen – ich bin nicht Gott. Aber einen Test musste sie bestehen: Sie schicken Gabriel, einen Erzengel – so heißen im Himmel die Oberengel – zu Maria. Er muss über die Mauer springen und soll ihr sagen: ›Gott hat dich auserwählt, dass du seinen Sohn zur Welt bringst.‹ Und sie warten im Himmel gespannt, was Maria dazu sagen wird. Schließlich ist das ja eine ganz unglaubliche Sache. Und Maria sagt: ›Gut, ich bin Gottes Magd. Ich bin einverstanden.‹ Da sagt Gott zum Heiligen Geist: ›Los!‹
Und der bringt den Sohn Gottes als ein ganz winziges Menschlein in die Maria hinein. Da, auf dem einen Finger oben im Bild seht ihr den kleinen Menschen.
So, und nun ist Gott drin bei den Menschen, nicht mehr nur draußen. Jetzt braucht niemand mehr lange herumzu-

suchen – geradeaus, im Kreis, nach oben oder nach innen. Jesus ist gekommen, und damit ist Gott zu uns Menschen hereingekommen. Wenn die Menschen bei Jesus sind, dann sind sie bei Gott, und dann ist es wieder ein bisschen so wie im Paradies, dann ist wieder ein Stückchen Himmel auf Erden.

Aber erst mal nur ein bisschen. Die Mauer ist auch noch da. Man kann nämlich nichts davon sehen, greifen und nachkontrollieren. Die Leute konnten Jesus anfassen, mit ihm reden. Aber dass sie Gott anfassten, mit Gott redeten, und dass Gott mit ihnen redete, wenn Jesus redete; das konnten sie nur mit dem Herzen sehen, aber so war's ja auch im Paradies, da war das Herz wichtiger als die Augen.

Und das ist jetzt auch so. Was die vielen Bilder in der Kirche erzählen, das ist wirklich da: Jesus ist da – hier, der Himmel ist da – hier . . .«

Da griff Fridolin plötzlich mit beiden Händen in die Luft und platzte dazwischen: »Ist da jetzt der Himmel? Ist da jetzt Jesus?«

»Natürlich.« Georgios sagte das, als wäre es die natürlichste Sache von der Welt.

Da kam Sebaldus ein aufregender Gedanke: »Ist Oma auch hier?«

Verblüfft schaute ihn Georgios an: »Wie kommst du darauf?«

»Mama hat gesagt, ›Oma ist im Himmel. Du hast gesagt, der Himmel ist jetzt hier‹. . .«

»Du hast recht. Das ist die Sache mit dem Haus und den vielen Zimmern: der ist in diesem Zimmer, der andere nebenan und wieder ein anderer einen Stock höher. Jeder ist woanders, manche sehen sich gar nicht, aber alle sind zu Hause.«

»Also ist Oma hier jetzt dabei und hört zu?«

»Na, sie hat sich doch sicher früher für euch interessiert. Dann jetzt erst recht – jedenfalls ist das meine Meinung.«

Und noch mal platzte Fridolin dazwischen: »Aber die Oma haben sie eingegraben. Ihre Knochen sind in der Erde . . .«

»Bei uns haben sie neulich in der Kirche einen ausgegraben«, erklärte Sebaldus. »Da waren nur noch Knochen da. – Ist der nicht im Himmel?«

Das war kein Problem für Georgios: »Die Knochen und die Haut und das andere alles, das braucht man für die Erde. Im Himmel braucht man das erst mal nicht . . .«

Die Kirchentür knarrte. Das war Herr Steffen.

»He, ihr zwei! Jeden Tag klaut ihr Herrn Georgios den Mittagsschlaf!«

»Den Mittagsschlaf? – Ich kann ja nachts nicht schlafen. Dauernd muss ich nachdenken, was ich ihren Söhnen sagen soll.«

Auf der Treppe zum Strand stolperte Frau Steffen. Ihr Mann erwischte sie gerade noch an der Badetasche.

»Das ging noch mal gut. Du hättest dir ja sämtliche Knochen brechen können.«

»Macht nichts«, stellte Fridolin seelenruhig fest.

Entsetzt blieben die Eltern stehen.

»Im Himmel brauchst du keine Knochen. Ehrlich! Der Georgios hat das gesagt.«
»Liebe Leute«, staunte der Vater, »der scheint mehr zu wissen, als dass zwei mal zwei vier ist.«
»Der ist Spitze!«, sprudelt Sebastian heraus. »Der weiß, das Gott hier ist!« Und greift, wie sein Bruder vorhin, mit beiden Händen in die Luft. »Und wenn du stirbst, das ist nicht so schlimm. Dann bist du im anderen Zimmer, aber du kannst uns sehen, wenn du dich für uns interessierst.«
»Red nicht so was!«, fährt die Mutter dazwischen. »Stell dir vor, wir müssten ohne Papa nach Hause fahren . . .«
Sebaldus bleibt stehen: »Stimmt! Wer macht dann das Grillfeuer im Garten?«
Fridolin aber schaute seine Mutter recht ernsthaft an: »Dann musst du die Brötchen verdienen.«
Herr Steffen lachte ein wenig, aber es schien ihm zu gefallen. Frau Steffen drehte sich zur Seite und wischte sich heimlich die Augen.
Bis zum Strand herrschte Schweigen.
Aber dann musste Sebaldus noch was loswerden: »Wenn Papa mal tot ist, sind wir aber nicht alleine. Gott ist immer da, hat Georgios gesagt.«
»Nee«, fährt Fridolin dazwischen, »Jesus!«
»Na oder der – ist doch dasselbe.«

Das Osterbild

Als sie am Abend an der Kirche vorbeikamen, blieb Herr Steffen stehen.
»Jetzt schau ich mir das mal an, wo ihr jeden Mittag hinpilgert.«
Gespannt beobachteten die Jungen ihre Eltern, wie sie langsam, zögernd, Schritt für Schritt auf die Wand mit den Bildern zugingen und sie lange schweigend und staunend betrachteten. Schließlich nahm Fridolin seine Mutter bei der Hand, zog sie vor das Bild mit Maria, dem Erzengel und der Mauer. Leise erklärte er ihr, was er davon verstanden hatte.
Herr Steffen trat hinter sie, wiegte den Kopf hin und her und meinte: »Das mit der Mauer ist nicht schlecht. Manchmal hab ich wirklich das Gefühl, ich renne mit meinen Gedanken und Fragen gegen eine unsichtbare Mauer. Und die Traumreisen . . . mein lieber Mann!«
Inzwischen hatte Sebaldus ein anderes Bild entdeckt und winkte ein wenig aufgeregt die anderen heran. Ziemlich ratlos standen sie davor, bis dem Sebaldus etwas dämmerte:
»Das ist bestimmt Jesus. Der hat eine Tür eingetreten, und da sind Leute hinter, vornean ein Mann und eine Frau, und die holt er raus.«
»Das ist doch Adam und Eva!« Fridolin drängelte sich zwischen die Eltern. »Na klar! Das sieht doch jeder!«
»Da hab ich aber einen guten Lehrling.« Der Priester trat aus dem Dunkel. »Das ist ein Osterbild. Als Christus

starb, stieg er hinab in das Totenreich, brach die Tür auf und holte die heraus, die dort eingesperrt waren. Als erste Adam und Eva.
Eva neigt ihren Kopf zu Adam und flüstert: ›Ist denn schon wieder ein Traumtag gekommen?‹ Da sagt Christus zu ihr: ›Heute passiert wirklich, was ihr geträumt habt.‹ Er fasst sie bei der Hand. ›Jetzt steigen wir zusammen auf in den Himmel.‹ Und dann spricht er zu den vielen anderen im Totenreich: ›Vertraut mir, kommt mit in den Himmel.‹ Viele stehen auf und gehen mit.«
Fridolin schiebt sich ganz dicht zu Georgios: »Die kriegen jetzt alle ein Zimmer im Himmel.«
»Du hast es erfasst. Aber es geht noch weiter: Da sind im Totenreich auch welche, die sagen: ›So ein Unsinn! Wir sind tot und bleiben tot. Niemand kann was dagegen machen.‹ Jesus sieht sie traurig an: ›Schade, das war Gottes letztes Angebot. Nun müsst ihr wirklich hier bleiben – für immer‹.«
»Glauben Sie das wirklich?« Herr Steffen konnte sich die Sache nicht so recht vorstellen.
»Es wäre entsetzlich, wenn's nicht so wäre. Drüben auf dem Festland, am Hafen, da gibt es einen Schrottplatz für alte Autos. Wenn das hier nicht wäre«, der Priester zeigte auf das Bild, »dann kämen am Ende alle Menschen auf so etwas wie einen Schrottplatz. Ihre Söhne, die sprechen immer wieder von der Oma. Die läge dann schon da rum. Ich kann mir einfach nicht vorstellen, dass Gott seine Menschen so behandelt.«
Herr Steffen wusste nicht recht, was er dazu sagen sollte, aber so stumm oder gar dumm dastehen wollte er auch

nicht, also fing er an, davon zu reden, ob in der Kirche nicht zu viele Bilder hingen.
»Ich müsste sie dauernd anschauen und könnte mich gar nicht auf das konzentrieren, was Sie sagen. Ich vermute, die Kinder gucken überhaupt nur die Bilder an.«
»Das ist doch nicht schlimm«, antwortete Georgios, »das ist doch wunderbar. Wir brauchen die Bilder. Sie zeigen uns was unsichtbar um uns herum ist: Gott, Christus, der Heilige Geist, Maria, die Apostel, viele heilige Männer und Frauen, Engel, der Himmel.«
Er zog Herrn Steffen vor ein anderes Bild: »Das ist der Prophet Elia, und der hatte einen Nachfolger Elisa. Mit seinem Diener übernachtete er mal in einer Stadt. Am anderen Morgen sieht der Diener ein feindliches Heer rings um die Stadt lagern, und er kriegt eine furchtbare Angst. Da sagte Elisa. ›Hab keine Angst, bei uns sind viel mehr als bei ihnen.‹ Und er betete zu Gott, und der tat für einen Augenblick dem Diener die Augen auf, und da sah er rings um Elisa ein gewaltiges Heer voller feuriger Pferde und Wagen. So machen uns unsere Bilder die Augen auf für das, was unsichtbar um uns ist.«
Als sie zum Abendessen kamen, lag eine Postkarte von Beni auf dem Tisch. Am Badesee sei er in eine Glasscherbe getreten, er sei aber trotzdem ins Wasser gegangen. Danach habe es auch nicht mehr geblutet. Aber in der Nacht, da habe der Fuß plötzlich wahnsinnig wehgetan. »Vater hat den Notarzt angerufen, und der hat mich gleich ins Krankenhaus fahren lassen. Morgens haben sie mich operiert, und ich soll eine Woche im Krankenhaus bleiben. Jetzt ist die Reise nach Kenia im

Eimer. Die Eltern fahren alleine. Und ich muss dann zu Tante Sofi, wo man morgens immer Ziegenmilch trinken muss. Ihr habt's gut! Euer Beni.«

Sebaldus konnte an diesem Abend nicht einschlafen, zu viel ging ihm im Kopf herum.

Die Eltern saßen auf dem Balkon und tranken Wein. Sie sprachen offensichtlich über Beni und den Priester Georgios und seine Geschichten. So richtig verstehen konnte sie ihr Sohn nicht, nur den einen Satz seines Vaters, den hörte er deutlich:

»Das mit dem Schrottplatz, das hat gesessen.«

Das Himmelsspiel

Am anderen Morgen – es war Samstag – ein riesiges Durcheinander vor der Kirche. Die Tür stand weit offen. Drinnen und auf der Treppe Frauen mit Besen, Eimern und Wischtücher heftig bei der Arbeit.

»Die putzen«, stellte Fridolin fest. »Wie die Mama.«

Noch in ihren Schlafanzügen rannten sie rüber. Georgios stand seitlich in der Kirchentür.

»Morgen ist Sonntag. Wir feiern die heilige Eucharistie«, erklärte er ihnen.

»Was ist das?«

Offensichtlich war's nicht so leicht zu erklären. Er sah sie eine Weile nachdenklich an, und sie schauten gespannt zurück.

»Tja . . . das ist ein Spiel . . .« Und nach einer Pause: »Habt ihr schon gefrühstückt?«
»Nein.«
»Dann geht mal. Und nachher bringt ihr ein paar Brötchen mit.«
»Das passt gut«, meinte die Mutter. »Wir müssen noch ein paar Mitbringsel einkaufen, da langweilt ihr euch sowieso. Nur – Jonas müsst ihr auch mitnehmen.«
Das Frühstücksgespräch drehte sich ständig um Beni, ob er nun Pech gehabt hätte oder vielleicht Glück, dass es nicht schlimmer geworden war.
Die Frauen waren noch immer in der Kirche zugange. Georgios nahm die drei zu dem kleinen Gasthaus neben der Kirche. Sie setzten sich an einen winzigen Tisch. Der Wirt brachte jedem eine Limo. Fridolin musste dann erst mal die Geschichte mit Beni loswerden, und dass er nun nicht nach Kenia mitfahren konnte, sondern zu Tante Sofi mit der Ziegenmilch musste.
Nachdenklich hörte Georgios zu.
»Es hat alles meist einen Sinn«, brummelte er so vor sich hin, rief den Wirt und bat ihn um einen Teller und ein scharfes Messer.
»Lassen wir erst mal Beni. Ich zeige euch jetzt das Himmelsspiel. Ich spiele das jeden Sonntag mit allen Leuten, die zu mir in die Kirche kommen. Zu diesem Spiel brauche ich Figuren. – Gib mir mal die Brötchen.«
Er schnitt einen großen Würfel aus einem Brötchen und legte ihn behutsam in die Mitte des Tellers.
»Das ist die Hauptfigur: Jesus Christus. Den hat Maria zur Welt gebracht.«

Nun schnitt er einige kleine Würfel:
»Das sind die Apostel: Petrus, Johannes, Jakobus und die anderen. Es sind zwölf.«
Er legte die Würfel in drei Viererreihen geordnet neben den großen Würfel. Mit dem Zeigefinger beschrieb er einen Kreis um den Teller: »Christus und seine Apostel auf der Erde, das ist ein Stück vom Himmel. Nur, sie können das noch nicht sehen.«
»Jetzt sind sie aber tot«, stellte Sebaldus fest.
»Nun sind sie erst recht bei Christus. Jetzt sehen sie den Himmel.«
Wieder schnitt Georgios einige Würfel.
»Das hier ist David, der war König in Jerusalem . . .«
»Hat der den Goliath mit einem Stein totgeschmissen?«, fragte Fridolin.
»Genau der. Das war tausend Jahre vor Jesus. – Das hier sind der Prophet Elia und sein Schüler Elisa. Ihr kennt ja ihr Bild.«
»Sind die auch nicht tot?«, wollte Fridolin wissen.
»Christus hat sie in den Himmel geholt, da leben sie bei ihm.«
»Adam und Eva aber auch.«
»Richtig!« Georgios nahm zwei Würfel und legte sie ganz dicht an den großen. »Die hat er ja zuerst aus dem Reich der Toten geholt.«
Noch viele Würfel setzte der Priester auf den Teller und nannte Namen, die hatten die Jungen noch nie gehört.
Zuletzt nahm er einen Würfel und legte ihn an den Rand des Tellers.

»Das bin ich.«
»Und ich?«
Der Priester fasste Fridolin am Kinn und schaute ihn an: »Du hast Recht. Du musst auch dabei sein, man würde dich vermissen.«
Er schob ein paar Würfel enger zusammen und legte noch einen dazwischen:
»Das ist Fridolin.«
»Na, und ich auch!«
»Also Sebaldus.«
»Jonas auch«, meldete sich der Jüngste.
»Und Mama und Papa.«
»Die auch«, nickte Georgios. »Und eure Großeltern.« Und nach einer Pause: »Da fehlt noch Beni. Der muss auch dabei sein.«
Wortlos schauten die drei auf den Teller und den Priester. Irgendwie versuchte Sebaldus die Sache zu verstehen: »Das spielst du nur . . . Mit Papa, Mama, Onkel Michael und Tante Lu spielen wir oft Monopoly, aber wir haben keine richtigen Häuser und kein richtiges Geld . . .«
»Stimmt«, sagte Georgios, »wir spielen das. Wir müssen es spielen, jeden Sonntag. Und das nennen wir Eucharistie. Wir können ja den Himmel nicht sehen und nicht greifen, doch er ist wirklich da. In ihm sind die vielen Menschen, die gestorben sind, aber auch die noch auf der Erde leben . . .«
Nun wollte Sebaldus es genau wissen: »Und wie können wir das mitspielen?«
Georgios nahm das übrige Brötchen, brach jedem ein Stück davon ab.

»Hier, esst, wenn ihr mitspielen wollt. So machen wir's in der Kirche auch.«
Und während die Jungen ihr Stück Brötchen kauten, sagte er:
»Den Himmel . . . ihr braucht ihn nicht mehr zu suchen, ihr seid jetzt mittendrin.
Einmal werdet ihr sterben, dann gehen euch die Augen auf, wie dem Diener des Elisa. Ihr werdet staunen, was da alles los ist . . . im Himmel.«

An diesem Morgen frühstückten sie sehr zeitig. Ihre Koffer standen schon im Hoteleingang. Drüben läutete, wie aufgeregt, die Kirchenglocke. Viele Menschen strömten in die Kirche.
»Da würde ich jetzt gerne reingehen.« Ein wenig traurig schaute Sebaldus hinüber.
»Ehrlich gesagt, ich wäre auch neugierig«, sagte Herr Steffen. »Das mit dem Himmelsspiel, das müsste man mal sehen.«
Und da sie noch gut Zeit hatten bis zur Abfahrt des Schiffes, beschlossen sie, einen Augenblick in die Kirche zu schauen.
Schon draußen hörten sie einen lauten, wunderbaren Gesang.
Die Kirche war voller Mensch, bis an die Tür. Sie machten ihnen Platz, fast bis nach vorne. Da bekamen sie etwas zu sehen . . . ihr Leben lang sollten sie das nicht vergessen:
Überall brannten Kerzen. Die ganze Kirche war in ihr warmes Licht getaucht. Es leuchtete in den Ge-

sichtern der Männer, Frauen und Kinder wie bei den Hirten einer Weihnachtskrippe. Die Bilder glänzten in Gold und Silber. Im Flackern der Kerzen konnte man meinen, Adam und Eva, Elia und Jesus bewegten sich. Feiner blauer Rauch zog über die Köpfe der Menschen hinweg. Ein geheimnisvoller Duft durchströmte den Raum. Vorne an der Bilderwand gingen Männer unter mächtigem Gesang hin und her. Goldbestickte Gewänder hatten sie an, große Hüte auf dem Kopf, die blitzten von Gold und Edelstein. Sie schwangen Kugeln aus denen der blaue Rauch hervorwehte, verneigten sich immer wieder, zeichneten mit Kerzen Kreuze in die Luft und sangen in geheimnisvollen Klängen.
»Da ist Georgios!« Sebaldus stieß seinen Bruder in die Seite.
»Er sieht aus wie ein Engel.«
»Die spielen Himmel.«
Neben ihnen standen die Eltern. Es schien ihnen zu gefallen. Mutter lehnte sich an Vaters Schulter . . . Bis der plötzlich nach der Uhr schaute.
»Wir müssen gehen, es ist höchste Zeit.«
»Schweigend trabten die drei zwischen ihren Eltern zur Landungsbrücke.
»Du – Sebaldus?«
Ein junger Mann hatte sie erwartet.
Er überreichte dem Jungen ein kleines, flaches, rundes Päckchen.
»Von Priester Georgios«, und verschwand.
In schöner Schrift stand drauf: *Für Beni, zum Trost.*

Rumpelnd und mit lautem Tuten machte das Schiff los. Schweigend beobachteten Eltern und Söhne, wie die Insel kleiner und kleiner wurde.
Nur Fridolin war ständig mit seinem T-Shirt zu Gange. Plötzlich zog er's über den Bauch, so lang, wie es ging, und hielt seinem großen Bruder einen Zipfel unter die Nase:
»Das riecht wie in Georgios seiner Kirche.«
»Ob's im Himmel auch so ist?«
»Dann hat's die Oma aber gut.«

Womit Georgios den Beni trösten wollte

Als sie heimkamen, lag Beni immer noch im Krankenhaus. Der Fuß wollte nicht richtig heilen.
Neugierig standen die drei Freunde an seinem Bett. Die ganze Heimfahrt über hatten sie gerätselt, was wohl in dem Päckchen sein könnte. Es war ein flacher roter Teller, zwei schwarze Figuren drauf, Krieger, wie aus Asterix: einer mit einem Helm und einem langen Schwert, der andere mit Helm, Schild und Lanze. Die gingen aufeinander los. Der mit der Lanze machte einen riesigen Schritt.
Unter dem Teller lagen ein paar Blätter aus einem Schulheft mit einer Geschichte. Auf dem ersten Blatt stand:
Dies habe ich mir für Beni ausgedacht. Herzliche Grüße und gute Besserung, Georgios.

Nur ein winziges Steinchen

Kriton, der Schmied, stammte aus dem Dorf Thera, das lag auf einer kleinen griechischen Insel. (Heute kennt sie keiner mehr, eines Nachts war sie einfach verschwunden.) Er arbeitete bei dem Schmied Timon. Den kannte er von Kindesbeinen an. Natürlich auch Eukleia, die hübsche Tochter; in die war er bis über beide Ohren verliebt.

Eines Tages kam Phästos auf die Insel, auch ein Schmied. Timon stellte ihn ein, denn damals gab es viel Arbeit. Der Neue war ein schöner Mann mit dunkler Haut, pechschwarzem Kraushaar und großen braunen Augen. Er steckte voller flotter Sprüche. Wo er auftauchte, gab's was zu lachen. Für Eukleia hatte er immer eine kleine Schmeichelei. Da kam Kriton nicht mit. Bald war allen klar: Phästos bekommt das Mädchen zur Frau und in zwei, drei Jahren die Schmiede.

Kriton war tief unglücklich. Als sich dann der andere auch noch über ihn lustig machte, schmiss er den Hammer in die Ecke, packte sein Bündel, forderte seinen noch ausstehenden Lohn und bestieg das Segelschiff, das gerade abfahrtsbereit im Hafen lag. So wütend, enttäuscht und traurig war er, dass er Eukleia einfach stehen ließ. Drum merkte er nicht, wie das Mädchen kreidebleich wurde und Tränen in die Augen bekam.

Er wollte nach Troja. Dort war Krieg.
Es wurde eine lange Reise. Wie oft musste er umsteigen! Einmal las er an einer Hafenkneipe auf einem Holzschild, dass der bekannte Schiffsbauer Anax einen tüchtigen Schmied suche. Aber Kriton wollte nicht. Er hatte nur eins im Sinn: Irgendwo dreinschlagen und am liebsten dabei sterben.
Warum die Griechen unbedingt die Stadt Troja erobern wollten und niederbrennen, warum sie deswegen schon jahrelang vor ihren Mauern lagen – Kriton wusste es nicht. Das letzte Schiff hatte Wein und Waffen für das Griechenheer geladen. Hier erst erfuhr er von einem Matrosen, was da los war: Der Kronprinz von Troja hatte dem König von Sparta die Frau abspenstig gemacht und entführt. Und nun wollte der König sich rächen und die Frau zurückholen.
»Da bin ich ja richtig!«, stieß der Schmied zwischen den Zähnen hervor und schlug mit der Faust gegen die Bordwand.

Gerne wäre er in die berühmte Truppe des Odysseus eingetreten. Der betrachtete den großen und starken Kerl mit Wohlgefallen. Aber dann sagte er:
»Melde dich erst mal bei den Hopliten. Lass dich da ausbilden und zeig, was du kannst. Dann reden wir noch mal drüber.«

Die Hopliten, das sind die Schwerbewaffneten. Bei denen musste er sich mit Beinschienen, Brustpanzer, Helm, Langschild, Spieß und Schwert herumplagen. Das kostete ihn ein paar langweilige Wochen Übungen. Eines Tage aber machten die Trojaner einen ihrer mörderischen Ausfälle. Sie drangen so weit gegen die Zelte der Griechen vor, dass die sich entschließen mussten, Großalarm zu blasen. Jeder, der auch nur eine Waffe tragen konnte, war jetzt gefordert. Hastig formierten sich zwischen den Zelten die üblichen Schlachtreihen. In der zweiten Kriton. Mit stampfendem Schritt rückten sie den Trojanern entgegen.
Kriton klopfte das Herz bis zum Halse. Endlich!
Plötzlich aber spürte er einen stechenden Schmerz rechts unter dem Hacken. Einen Augenblick stockte sein Schritt. Ein Steinchen musste ihm in die Sandale geraten sein. Dabei waren sie eine Spezialanfertigung mit weit hochgezogenen Rändern, die so etwas gerade verhindern sollten. Er biss die Zähne aufeinander und stampfte weiter. Nach fünf Schritten wurde das Pieksen und Stechen unerträglich. – Aber man kann doch nicht einfach aus der Reihe humpeln und die Sandale ausziehen! Kriton marschierte weiter und knickte den Fuß bald nach innen, bald nach außen . . . das Steinchen blieb. Und es stach und schmerzte . . . mit jedem Schritt schlimmer! . . . Man müsste das Ding mit dem Finger ganz leicht herausbekommen. Aber in der einen Hand hielt er den Spieß, mit der anderen den Schild . . . Vielleicht konnte man beides mit der Linken halten . . . Tatsächlich, das ging! Kriton hüpfte auf dem linken Bein, aber ehe er

den Finger zwischen Fußsohle und Sandale bekam, donnerte ein trojanischer Speer gegen seinen Schild. Um ein Haar hätte ihn das in den Sand geworfen. Also Spieß in die Rechte und weiter!

Jetzt prallten die Gegner aufeinander. Es schrie und krachte ringsum. Dichter Staub umhüllte das Gewühl – und das Steinchen drang tiefer und tiefer. Es war zum Verzweifeln! Wie sollte man da – beim Zeus – kämpfen und siegen! Der Quälgeist musste raus! Bei jedem Schritt stieß Kriton jetzt zuerst die Spitze und dann den Hacken voll Wut und Schmerz gegen den Boden. Dazwischen schlenkerte er das ganze Bein bald nach vorn, bald nach hinten. Und dabei kamen merkwürdig hüpfende, lange Schritte heraus. Damit geriet er weit vor die eigenen Linien in die Reihen der Trojaner. Er merkte das gar nicht vor lauter Schmerzen. Er sah auch nicht, dass ihm die Feinde entsetzt auswichen. Und auch für den Holokles hatte er keinen Blick. Den fürchteten alle Griechen, denn er war fast ein Riese, bärenstark. Mit seinen fürchterlichen Schlägen hatte er schon reihenweise Griechen niedergemetzelt. Geradewegs rannte dieser Holokles auf Kriton los. Doch der hatte nur einen Gedanken: Das verdammte Steinchen muss raus! Was der Trojaner jetzt tat, machte alle seine Gegner zittern: Er ließ Spieß und Schild fallen und zog sein berüchtigtes Langschwert. Kriton aber krümmte sich vom Schmerz gepeinigt hinter seinem Schild, schleuderte den gequälten Fuß nach vorne und trat mit voller Wucht auf den gepanzerten Fuß des Gegners. Dabei verlor er das Gleichgewicht und prallte ihm gegen den Brustpanzer. Dem Holokles sprang der

Fußknöchel aus dem Gelenk. Mit einem furchtbaren Schrei ging er in die Knie. Doch Kritons Pein war so grauenhaft, dass er seinen Sieg gar nicht wahrnahm. So konnten die Trojaner ihre Helden fluchtartig in die Stadt zurückschleifen. –

Eine ganze Woche hindurch unternahmen sie nichts mehr. Nur hörte man über die Stadtmauer hinweg stundenlang Kommandos und ein seltsames Stampfen. Die Trojaner hatten nämlich als Grund für ihre Flucht angegeben: »Die Griechen haben einen neuen Kampfschritt, gegen den sind wir vorläufig machtlos.« Sie mussten dem Oberbefehlshaber diesen Schritt des Kriton vorführen. Ein kleiner Junge schaute zu, obwohl das eigentlich verboten war. Neben ihm stand ein Hundertschaftsführer. Der betrachtete die Sache mit ernster Miene. Der Junge zupfte ihn am Arm und flüsterte:
»Das sieht aus, wie wenn sie Steinchen in den Sandalen hätten.«
Doch dem kam gerade eine Idee, mit welchem Gegenschritt sie den neuen Kampfschritt der Griechen unschädlich machen könnten. – Den übten sie nun, elf Stunden jeden Tag.
Kritons Sieg wurde ganz groß gefeiert. Odysseus schickte ihm einen goldenen Becher und nahm ihn umgehend in seine Elitetruppe auf.
Das Steinchen hatte sich Kriton nach dem Kampf mit einer kupfernen Nadel aus der Ferse gepolkt. Vielleicht war ein bisschen Grünspan an der Nadel. Jedenfalls entzündete sich die Wunde, eiterte, und das Ende vom Lied

war: Der Arzt musste den Fuß absägen und später, weil es nicht heilte noch ein Stück vom Bein.
Mit dem nächsten Schiff schickte man den Schmied nach Hause. Unterwegs heilte das Bein. Vom Schiffszimmermann ließ er sich einen Holzfuß schnitzen. Der Segelmacher nähte ihm einen langen Stiefel aus dickem Segeltuch, der bis über das Knie reichte. Als Bezahlung bekamen die beiden den goldenen Becher.
Daheim erwartete den Rückgekehrten eine große Überraschung. Phästos hatte sich kurz vor der Hochzeit aus dem Staube gemacht. »Ich bin doch nicht so verrückt«, soll er gesagt haben, als er das Schiff bestieg, »mir wegen einem hübschen Mädchengesicht eine dreckige Inselschmiede aufhalsen zu lassen!«
Timon der Schmied war ein Jahr später gestorben. Eukleia aber schickte jeden, der sie heiraten wollte, weg. »Ich warte auf Kriton«, sagte sie jedes Mal. –

Die beiden lebten noch zweiundvierzig Jahre in der Schmiede. Einen Sohn bekamen sie: Andreas. Oft saß Eukleia abends vor der Hütte und hörte die Männer in der Schänke singen und die starke Stimme ihres Mannes, wie er seine Geschichten erzählte. Wenn die Geschichte mit dem Bein dran war, hatte seine Stimme einen anderen Klang. Das mochte Eukleia besonders gern. Dann dachte sie bei sich: Es ist doch seltsam, von den Helden des Odysseus hat niemand die Heimat wieder gesehen, nur Kriton.
Einmal saß Andreas neben ihr. Da sagte sie, was der nie mehr vergaß:

»Zeus, der Göttervater schleudert Blitze, seine Tochter Artemis hetzt die Hunde und schießt Pfeile, Poseidon wühlt das Meer auf.
Da muss es noch einen anderen Gott geben, den wir nicht kennen – der braucht nur ein winziges Steinchen.«

Inhalt